FAMÍLIAS
EM IMAGENS

# Famílias em imagens

ORGANIZADORAS
BÁRBARA COPQUE
CLARICE EHLERS PEIXOTO
GLEICE MATTOS LUZ

EDITORA

Copyright © 2013 Bárbara Copque, Clarice Ehlers Peixoto e Gleice Mattos Luz

Direitos desta edição reservados à
Editora FGV
Rua Jornalista Orlando Dantas, 37
22231-010 | Rio de Janeiro, RJ | Brasil
Tels.: 0800-021-7777 | 21-3799-4427
Fax: 21-3799-4430
editora@fgv.br | pedidoseditora@fgv.br
www.fgv.br/editora

Impresso no Brasil | *Printed in Brazil*

Todos os direitos reservados. A reprodução não autorizada desta publicação, no todo ou em parte, constitui violação do copyright Lei no 9.610/98).

Os conceitos emitidos neste livro são de inteira responsabilidade do(s) autor(es).

1ª edição — 2013

Revisão de originais: Laura Vianna Vasconcellos
Revisão: Fátima Caroni
Projeto gráfico e editoração eletrônica: FA Studio
Capa: aspecto:design
Imagem da capa: André Bethlem
Apoio:

Ficha catalográfica elaborada pela Biblioteca Mario Henrique Simonsen/FGV

Famílias em imagens / Bárbara Copque, Clarice Ehlers Peixoto e Gleice Mattos Luz (orgs). — Rio de Janeiro : Editora FGV, 2013.
144 p. — (Família, geração e cultura)

Inclui bibliografia.
ISBN: 978-85-225-1286-7

1. Família. 2. Fotografia de famílias. I. Copque, Bárbara. II. Peixoto, Clarice Ehlers. III. Luz, Gleice Mattos. IV. Fundação Getulio Vargas. V. Série.

CDD — 306.85

# Sumário

Apresentação — Família, gerações e cultura     7
Clarice Ehlers Peixoto, Maria Luiza Heilborn e Myriam Lins de Barros

Prefácio — As imagens da e sobre a família     9
Clarice Ehlers Peixoto

1. Com a família à flor da pele: escrituras corporais em uma penitenciária feminina     15
   Bárbara Copque

2. O casamento no drama de circo e na vida de artistas circenses: uma experiência no campo do filme etnográfico     43
   Ana Lúcia Marques Camargo Ferraz

3. Distância afetiva e silêncio imagético: a ausência das "aliadas" nas fotografias de noras e sogras     65
   Gleice Mattos Luz

4. Tortos, emprestados e do coração: os avós por aliança     99
   Anne Carolina Ramos

5. Imagem-escrita nas fotobiografias     129
   Fabiana Bruno

Sobre as autoras     143

# Apresentação

# Família, gerações e cultura

As perspectivas sobre as práticas e os comportamentos familiares nem sempre foram um objeto caro aos antropólogos, excetuando-se os tradicionais estudos de parentesco. Ainda que os fundadores do pensamento sociológico tenham se debruçado sobre a família, tornando-a um dos temas a serem observados na amplitude das variações decorrentes das revoluções política e industrial, foi preciso esperar os anos 1960 para que os pensadores contemporâneos recomeçassem a se interessar pelas relações familiares. Em paralelo a isso, as teorias e os métodos evoluíram consideravelmente ao longo do século XX e nas primeiras décadas do século XXI, o que muda muito nossa percepção dos fatos familiares, mas, ao mesmo tempo, dificulta a tarefa de detectar qual a medida real dessa mudança.

Muito se debate sobre a "crise" da família, consequência da baixa taxa de fecundidade, do aumento da esperança de vida e, portanto, da crescente proporção da população com mais de 60 anos; mas também do declínio da instituição do casamento e da espraiada aceitação social do divórcio. De fato, o que observamos não foi exatamente o enfraquecimento da instituição família, mas o surgimento de novos modelos familiares, derivados desses fenômenos sociais e sobretudo das transformações nas relações de gênero, que se exprimem por meio do maior controle da natalidade, da inserção intensiva da mulher no mercado de trabalho, das mudanças ocorridas na esfera da sexualidade, entre outros fatores.

As relações entre família e sexualidade vêm sendo modificadas significativamente nas últimas décadas. De um lado, presenciamos um longo processo que tornou a conjugalidade um domínio relativamente autônomo da família, orientado por dinâmicas internas nas quais a sexualidade ocupa um lugar central. E, de outro lado, verificamos que o exercício da atividade sexual deixou de ser circunscrito à esfera do matrimônio. Essas mudanças redefinem os vínculos entre esses dois polos; em nome da sexualidade (e do amor como ideologia) e da dinâmica societária que produz novos direitos ligados a tal esfera, tem origem o fenômeno das famílias homossexuais ou homoparentais. O cenário torna-se, assim, cada vez mais complexo.

Esta coleção tem o objetivo de divulgar trabalhos sobre família, gerações e cultura contemporânea, de forma a incentivar debates e pesquisas com tônica nessa temática, pois acreditamos que o intercâmbio de experiências de pesquisa elaboradas em contextos socioculturais diversos enriquecerá a reflexão socioantropológica sobre as relações familiares no Brasil.

*Clarice Ehlers Peixoto*
*Maria Luiza Heilborn*
*Myriam Lins de Barros*

# Prefácio

## As imagens da e sobre a família

Clarice Ehlers Peixoto

As famílias já se faziam retratar desde o surgimento da pintura profana no século XVII,[1] caracterizada por seu realismo na descrição de cenas cotidianas da vida familiar (as mulheres com os filhos ou em afazeres domésticos, e os homens trabalhando). Dois séculos depois surgiram as primeiras imagens fotográficas,[2] seguidas pelas cinematográficas.[3] Essas imagens a princípio se inscreveram na tradição do retrato de família e dos ritos de passagem (casamentos, batismos, formaturas etc.), e foram rapidamente incorporadas pelas camadas superiores, as primeiras a ter acesso às mais recentes tecnologias de captação da imagem. Aos poucos, esses aparelhos se tornaram mais acessíveis às camadas médias e populares, de forma que, hoje, com a democratização dos aparelhos fotográficos e a simplificação dos procedimentos técnicos, a prática familiar das camadas superiores (de

---

[1] Com o surgimento do protestantismo, a pintura holandesa se afastou dos temas religiosos e se voltou para a natureza morta, as paisagens, os temas da vida cotidiana e os retratos encomendados pela burguesia. Qualificados ainda como artesãos, esses pintores podem ser considerados os primeiros retratistas.
[2] A *carte de visite*, criada pelo fotógrafo Disdèri, consistia em um cartão de visitas com imagens, que, por seu reduzido tamanho, diminuía o custo de fabricação, popularizando o retrato fotográfico (Rouillé, 2009).
[3] Lembro que os primeiros filmes dos irmãos Lumière eram imagens do seu cotidiano familiar.

se fixar em imagens) foi incorporada por todas as camadas sociais. Desse modo, as famílias passaram a registrar com mais frequência os momentos da vida doméstica, as idades e fases dos filhos e netos (o primeiro banho, os primeiros passos, a primeira escola, a primeira comunhão...), os passeios e viagens, e comportamentos familiares corriqueiros.

Procura-se, assim, captar os bons momentos de felicidade que são intermitentes e instantâneos. Ou seja, são ocasiões precisas nas quais o tempo se divide entre o primeiro instante da felicidade de participar de uma determinada circunstância, seguido pelo (des)contentamento de estar nela inserido. A felicidade é, assim, efêmera (Peixoto, 2011). Essas imagens em fragmento são a prova de "como estávamos felizes!", já que "a felicidade não se reconta. A felicidade dificilmente se deixa temporalizar, ela não é modulável e, portanto, difícil de ser narrada!" (Kuyper, 1995:15). E, se o sentimento que se quer ver refletido nesses fotogramas requer visibilidade e divulgação aos demais membros da família, os dramas familiares (as brigas e separações) são raramente registrados em imagens.

Pierre Bourdieu foi um dos primeiros sociólogos a considerar a prática fotográfica um rito do culto doméstico, "uma técnica privada que fabrica imagens privadas da vida privada" (1965:39), e, desse modo, soleniza e eterniza os momentos mais importantes da vida familiar, reafirmando o sentimento que o grupo tem de sua unidade afetiva. Susan Aasman afirma, igualmente, que "a família toma forma diante da câmara, é a presença da câmera que estimula a família a mostrar seu familismo" (1995:108). Assim, "o que é fotografado e o que o leitor apreende da fotografia não são propriamente indivíduos nas suas particularidades específicas, mas papéis sociais, o noivo, a primeira comunhão, o militar, ou as relações sociais: o tio da América ou a tia de Sauvagnon" (Bourdieu, 1965:45).

Irène Jonas (1989:4) procura relacionar as transformações familiares ocorridas desde a década de 1960 com o registro fotográfico das reuniões e festas familiares, e afirma que, à medida que "novas imagens vêm se juntar às antigas, o tipo das fotos se modifica e as proporções se invertem: uma produção enorme de fotografias, o desaparecimento da pose *versus* a preferência pela espontaneidade". Observa-se, assim, o nascimento de novos momentos fotografados, sobretudo os da intimidade familiar. E ela lança a questão: "poderíamos pensar que essas transformações nas fotos de família seriam, também, mudanças da imagem que as famílias têm de si mesmas?" (1989:10).

Eis a resposta da autora, 23 anos depois de formular a questão: "enquanto as relações [familiares] parecem se constituir muito mais em uma escolha dos atores do que em uma obrigação jurídica, religiosa ou moral, vemos surgir na fotografia de família momentos até então inéditos. Esta diversidade de padrões familiares se reflete nos estereótipos que regem as imagens da família [...]. Assim, as transformações dos códigos fotográficos e a democratização do aparelho fotográfico estão ligadas a um duplo movimento: o das mudanças familiares e o dos avanços tecnológicos" (Jonas, 2012:11).

Este livro apresenta cinco textos de jovens pesquisadoras brasileiras, cujos trabalhos não se propõem a responder diretamente à socióloga francesa, mas sugerem possibilidades de reflexão sobre a relação família e imagem. A maioria dos trabalhos aqui apresentados é resultado das teses de doutorado de suas autoras, que analisaram novas e velhas questões das relações familiares, lançando mão do instrumental imagético para melhor compreender as práticas e representações da família contemporânea brasileira.

O capítulo de Bárbara Copque — "Com a família à flor da pele: escrituras corporais em uma penitenciária feminina" — debate as condições do trabalho etnográfico entre as grávidas e/ou mães em uma prisão de mulheres quando se lida com fotografias e principalmente os significados atribuídos às tatuagens. Para a autora, as detentas procuram, no momento fotográfico, recriar um cenário para não revelar o universo de encarceramento em que vivem. Talvez por isso, poucas são as que inscrevem nos corpos seus atos infracionais e seus vínculos com associações criminosas, prática comum entre os homens, que o fazem para atestar seus poderes e pertencimentos. Muitas tentam reconstruir suas relações familiares nessas imagens. A presença da câmera fotográfica desencadeou nas mulheres fotografadas um processo performático de construção da imagem de si, e revelou discursos sobre a maternidade e as relações familiares até então omitidos.

O segundo capítulo — "O casamento no drama de circo e na vida de artistas circenses: uma experiência no campo do filme etnográfico" —, de Ana Lúcia Ferraz, analisa as narrativas da dramaturgia circense que têm como foco o casamento e as situações que colocam a família em risco: o adultério e a prostituição. Foi possível, assim, como afirma a autora, entender "a dinâmica de afetos" que permite reproduzir tanto o circo quanto a família circense, considerando que o casamento é, em geral, o meio de inserção na vida do circo. O vídeo é o suporte imagético usado pela autora, cuja proposta se pauta na experiência do *feedback*. As imagens produzidas são apresentadas ao grupo para "críticas, comentários, correções, configurando instantes em nosso diálogo sobre a compreensão dessa forma específica que é a família circense". Três filmes da autora já foram realizados com essa proposta metodológica.

Se esses dois primeiros capítulos focalizam o casamento e a maternidade em espaços físicos bem específicos — a prisão e o circo —, os dois seguintes tratam das relações na família ampliada: noras e sogras, avós e netos. Gleice Mattos Luz, em "Distância afetiva e silêncio imagético: a ausência das 'aliadas' nas fotografias de noras e sogras", afirma que "a construção de elos afetivos para essas mulheres é complexa e depende das trocas que se estabelecem, das regulagens minuciosas das relações e dos limites criados". Ao solicitar as fotografias de família às mulheres entrevistadas, a autora percebeu o quanto essas imagens são fundamentais para entender a qualidade do relacionamento entre noras e sogras, e o quanto elas revelam da complexidade do parentesco por aliança. Sabe-se que a família contemporânea tem o privilégio da escolha — de cônjuge/parceiro, profissão, redes relacionais etc. —, mas o parentesco por aliança não obedece a essa lógica, uma vez que ele é imputado. Por isso, não é de se admirar a ausência de fotografias de umas e outras nos acervos de noras e sogras quando as relações são conflituosas.

Já o capítulo de Anne Carolina Ramos — "Tortos, emprestados e do coração: os avós por aliança" — analisa as relações entre netos e avós sociais — aqueles que são incorporados à família recomposta. Nessa nova cena familiar, os avós por aliança "reconfiguram e redesenham as relações familiares, ampliando o leque de contato intergeracional das crianças".

Por meio dos desenhos e relatos dessas crianças, elaborados no espaço da escola, percebe-se como essas relações são significadas por elas e os fatores que influenciam a criação (ou não) dos novos vínculos. A linguagem visual expressa nos desenhos das crianças revela os modos de interpretar o mundo em que vivem: "elas evocam a emoção, a imaginação, a observação e a memória das crianças", que estão assim vinculadas às suas experiências concretas.

O último capítulo — "Imagem-escrita nas fotobiografias" —, de Fabiana Bruno, analisa a relação entre velhice e memória, tendo as fotografias de família como objeto principal de evocação do passado. Na pesquisa, feita com homens e mulheres octogenários, a autora sugeriu que eles selecionassem as fotografias mais reveladoras de momentos importantes de suas vidas. Segundo ela, a composição de uma *fotobiografia* é uma "tentativa de exploração — no duplo registro do verbal e visual — do trabalho da memória na velhice", já que, por meio dessas imagens, as pessoas "montam", "desmontam" e "remontam" os tempos de uma existência.

Os textos reunidos neste livro analisam relações e situações familiares ainda pouco estudadas no Brasil, como a maternidade na prisão, a família circense, a família por aliança nas relações entre noras e sogras, e netos e avós sociais. Os estudos atestam, principalmente, a riqueza analítica proporcionada pelas imagens, que ampliam a gama de informações e interpretações, e servem como incentivo para o desenvolvimento de pesquisas com imagens *da* e *sobre* a família.

Eis a originalidade desta obra, que propõe novas perspectivas de análise àqueles que se interessam pela antropologia da família e pela antropologia visual.

## Referências bibliográficas

AASMAN, Susan. Le film de famille comme document historique. In: ODIN, Roger (org.). *Le film de famille:* usage privé, usage public. Paris: Méridiens Klincksieck, 1995, p. 97-111.

BOURDIEU, Pierre. *Un art moyen.* Essai sur les usages sociaux de la photographie. Paris: Editions de Minuit, 1965.

JONAS, Irène. Lire entre les pages de l'album. *Informations Sociales*, n. 4, p. 4-10, 1989.

_____. De l'argentique au numérique, évolutions de la photographie familiale. In: PEIXOTO, Clarice et al. *Imagens & narrativas.* Rio de Janeiro: Inarra-CNPq/Uerj, 2012, CDRom.

KUYPER, Eric de. Aux origines du cinéma: le film de famille. In: ODIN, Roger (org.). *Le film de famille:* usage privé, usage public. Paris: Méridiens Klincksieck, 1995, p. 11-26.

PEIXOTO, Clarice. Filme (vídeo) de família: das imagens familiares ao registro histórico. In: PEIXOTO, Clarice (org.). *Antropologia & imagem*: narrativas diversas, Rio de Janeiro: Garamond/Faperj, 2011, v. 1. p. 11-26.

ROUILLÉ, André. *A fotografia*: entre documento e arte contemporânea. São Paulo: Senac, 2009.

# Com a família à flor da pele: escrituras corporais em uma penitenciária feminina

Bárbara Copque

## O contexto: a maternidade no cárcere

A escolha do tema surgiu durante a pesquisa realizada para minha dissertação de mestrado (Copque, 2003b). Nela, o encontro etnográfico foi mediado pela utilização da fotografia, que, além de reforçar a interação com os "meninos de rua", permitiu a intensificação do ato de olhar dos envolvidos e animou seus relatos verbais sobre as identidades e subjetividades relativas ao contexto em que viviam: a rua. O percurso da pesquisa do mestrado me conduziu às vulnerabilidades familiares que envolviam as crianças e adolescentes em situação de risco. As falas recorrentes dos sujeitos estimularam o interesse pela temática da violência e sua relação com as estruturas familiares, pois, ao aprofundar a análise, elas revelaram que tais relações concorrem fortemente para a intensificação das vulnerabilidades pessoais e sociais dos sujeitos pesquisados.

Ao longo do trabalho de campo, desenvolvido com o grupo de meninos, tive contato com o universo feminino infrator, e a experiência suscitou questões sobre a criminalidade feminina, que ficaram reservadas para estudo posterior. Em 2005, retomei essas questões com a pesquisa de doutorado (Copque, 2010), que pretendia, a partir de um estudo etnográfico, investigar o sentido de gravidez e maternidade em mulheres que são mães durante o cumprimento da pena numa penitenciária do

Rio de Janeiro. Todavia, os presídios não são destinados a propiciar o vínculo familiar, pois, se pensarmos as prisões como instituições cujas práticas ocorrem à margem da lei e, mais que isso, que geram atributos estigmatizantes para os sentenciados, é evidente que a presença de crianças produz um conflito entre o direito delas ao convívio familiar e as funções punitivas das prisões.

Assim, as questões que já vinha analisando sobre os menores em conflitos com a lei e a família permaneceram presentes, ainda que os sujeitos investigados agora fossem as mães e os filhos que vivem nas prisões cariocas. É preciso destacar, ainda que de forma preliminar, o fato de que a temática estabelece interseções com várias questões socioantropológicas — gênero, encarceramento feminino, institucionalização, relações familiares, maternidade, direito da criança —, e permite diálogos teórico-metodológicos, entre os quais privilegio a etnografia e a antropologia visual. A análise da gravidez e do nascimento de crianças em presídios envolve questões diversas, incluindo a idade em que ocorre a separação entre mãe e filho, o vínculo maternal, o cenário do encarceramento, a familiaridade da criança com o novo local de moradia (abrigos ou tutores), a força da relação familiar, a natureza do crime cometido pela mãe, a sentença a ser cumprida, a assistência institucional e o grau do estigma que a comunidade associa ao encarceramento.

Nesse processo de constituição do objeto de pesquisa, a imagem fotográfica tornou-se uma importante linguagem, uma interlocutora nessa interação e um recurso metodológico explorado no processo de construção de conhecimento e na busca de sentidos e significados. É nesse encontro que se situa este artigo.

## Vínculos interrompidos

No Brasil, a Constituição Federal[1] dispõe que às presidiárias está assegurado o direito de permanecer com o filho durante o período de

---
[1] Ver Constituição da República Federativa do Brasil, art. 5, inciso L.

amamentação, no interior do sistema penitenciário — seja a criança concebida antes ou durante o cumprimento da pena. E, para implementar essa norma, a Lei de Execuções Penais (LEP)[2] declara que cada presídio feminino deve ser equipado de creches e berçários onde as mães possam amamentar seus filhos. Contudo, poucas são as prisões femininas que dispõem de uma ala para alojamento conjunto de mães e filhos. Ao estudar a creche no sistema penitenciário, Rosângela Santa Rita (2005; 2007) salienta que, no Brasil, 59,9% das unidades prisionais femininas não dispõem de estrutura física adequada ao atendimento das crianças; somente 21,6% delas possuem berçário; e apenas 18,9% das unidades prisionais oferecem creches. De acordo com a pesquisadora, isso significa que, na "maioria dos casos, a criança fica na cela coletiva, junto à mãe, durante o cumprimento da pena".

Julita Lemgruber (1999) destaca que, para as detentas da Penitenciária Talavera Bruce (Rio de Janeiro), a privação da liberdade implica o rompimento do contato permanente com a família e a impossibilidade de relacionamento diário com os filhos, o que configuraria, segundo a autora, uma das mais duras penas impostas. Em muitos estabelecimentos prisionais, tais vínculos são interrompidos ainda cedo, porque os bebês só podem ficar com as mães durante a semana seguinte ao nascimento. Contudo, há presídios que têm regras mais flexíveis para as "mães apenadas", permitindo-lhes ficar com os filhos durante vários anos, como a Penitenciária Feminina Madre Pelletier, de Porto Alegre, onde se acolhem crianças até cinco anos de idade. Em Goiânia, o presídio feminino tem capacidade para 25 bebês, mas abriga 53, situação que se repete no Rio Grande do Norte, Acre, Amazônia, Espírito Santo e outros estados brasileiros. No Rio de Janeiro, há três unidades penais exclusivas para mulheres (localizadas no Complexo Penitenciário de Gericinó, ex-Bangu): a Penitenciária Joaquim Ferreira Souza (Bangu 8),

---

[2] Ver LEP, art. 83, inciso 2.

o presídio Nelson Hungria (Bangu 7) e a Penitenciária Talavera Bruce. Esta se destaca por ser a primeira unidade construída no "Complexo", embora fisicamente não faça parte dele, e a única unidade prisional do estado a dispor de uma creche onde as internas podem permanecer com seus filhos até os seis meses,[3] um lugar superlotado e deficitário.[4] Dessa forma, viver em celas superlotadas parece o destino certo das crianças nascidas em presídios.

Se considerarmos as prisões instituições nas quais algumas práticas ocorrem à margem da lei e, mais do que isso, que geram atributos estigmatizantes para os sentenciados, como assinalaram vários autores (Soares, 2002; Goffman, 2001; Lemgruber, 1999; Coelho,1987),[5] podemos supor que há um conflito entre o direito das crianças ao convívio familiar e as regras e funções punitivas das prisões. No Brasil, quando uma mãe é presa, há três possibilidades para a guarda de seus filhos pequenos (de zero a seis anos): em abrigo ou instituição pública; com família substituta, que pode ser a própria família da criança (linhagem materna e paterna) ou com famílias desconhecidas; e no berçário e/ou creche do presídio. A guarda das crianças em presídio é a mais polêmica e problematizada, talvez em

---

[3] Idade permitida até a montagem do banco de dados, compreendido entre os anos de 2005 e 2007.

[4] A creche Madre Teresa de Calcutá, da Penitenciária Talavera Bruce, não dispõe de berços, área recreativa e atendimentos especializados (psicopedagógicos; não há educação pré-escolar). Disponibilizando 19 vagas, no momento da minha visita, abrigava 29 crianças, distribuídas em três quartos coletivos, onde algumas mães e bebês dormiam em camas improvisadas. Em decorrência da superlotação, a separação mãe-filho ocorre aos seis meses de idade.

[5] Referindo-se à violência das instituições policiais e penitenciárias, Bárbara Soares afirma que "a prática de torturas, agressões e ameaças contra as presas (e certamente também contra os presos) não constitui um desvio eventual e esporádico da ação policial, como sustentam muitas vezes os governantes e os comandantes das corporações. Trata-se, antes, de um procedimento-padrão e, de certa forma, de uma política institucionalizada. [...]. As condições no sistema prisional, evidentemente, estão longe de ser ideais. Ali também a violência faz parte do cotidiano das presas" (Soares, 2002:115-117); Erwing Goffman (2001) destaca como as instituições prisionais impõem a "mortificação do eu" em seus internos. Assim, as prisioneiras são obrigadas a aceitar papéis com os quais não se identificam na tentativa de conviver com as "regras" na instituição.

decorrência do ambiente prisional, e pelo fato de as relações estabelecidas em seu interior não serem as mais adequadas para a relação mãe-bebê, como já descrevia Bárbara Soares:

> As agentes relataram que a maioria das mães presas deseja que suas crianças sejam retiradas da creche nos primeiros anos de vida, isto é, antes de começarem a perceber que vivem em uma prisão. [...] as presas que se tornam mães enquanto cumprem pena sofrem muito mais do que as outras, pois sentem-se culpadas pelo fato de terem colocado uma criatura inocente na prisão. São mais tristes e deprimidas que as demais, e essa tristeza reflete-se em seus filhos, que se tornam amargos desde tenra idade [Soares, 2002:26-27].

Na literatura internacional, encontramos diversas experiências de creches em presídios femininos que inspiraram argumentos favoráveis e contrários à permanência de crianças em seu interior.[6] Em países como Estados Unidos, Austrália, França e Alemanha, a maioria das experiências de guarda de crianças em presídios é desenvolvida durante o período de amamentação, pois as instituições defendem a permanência da criança com a mãe nos primeiros meses de vida, por considerarem mais saudável ao relacionamento mãe-bebê e por contribuir para a posterior reinserção social da presa (Farrel, 1994). Entretanto, Jean-Louis Sarradet (1992), que estudou crianças em presídios na França,[7] afirma que juridicamente as crianças não são privadas de sua liberdade; no entanto, no cotidiano, elas vivenciam um mundo de vigilância, ou seja, passam a ser encarceradas como as mães, apresentando um problema de cunho jurídico e psicossocial.

Não restam dúvidas de que o aprisionamento das mães não é o único aspecto explicativo para a separação de mães e filhos — há também as

---

[6] Ver Gabel (1995:37-9); Johnson e Waldfogell (2002); Seymor (1998).
[7] Onde a criança pode ficar junto com sua mãe até completar 18 meses.

vulnerabilidades familiares —, mas certamente ele é um importante fator para se entender o problema. Assim, há nos bastidores da criminalidade e do encarceramento materno uma população infantil esquecida e desconsiderada por várias instâncias do poder público e segmentos da sociedade.

## Desconfiança fotográfica

Nos dois últimos anos de pesquisa, não obtive autorização para ter acesso às crianças da Talavera Bruce. Essa dificuldade decorria da transitoriedade dos cargos de confiança da administração e da própria direção do presídio. Durante os quase quatro anos de pesquisa, a Penitenciária Talavera Bruce teve cinco diretores. Por conta dessa "imobilidade" funcional, também tive dificuldade para acessar as informações documentais e o cadastro das internas gestantes e mães. Essa inconstância me conduziu a uma "romaria burocrática" para obter as autorizações de pesquisa junto à Secretaria de Estado de Administração Penitenciária (Seap) e à Vara de Execução Penal (VEP). A situação, sentida *a priori* como um "bloqueio", não causou impasses nem comprometeu a qualidade do trabalho. Pelo contrário, acabou engendrando novas informações.

Autorizada a pesquisa, solicitei permissão para usar um gravador e uma máquina fotográfica digital. A entrada com esses aparatos na penitenciária causou certo desconforto nos agentes penitenciários e na direção da Unidade Materno-Infantil. Numa situação oposta à vivenciada no início da pesquisa, quando o acesso foi mais tranquilo, dessa vez, por causa da máquina fotográfica, fui submetida a procedimentos de identificação e revista muito mais criteriosos. Diante da atitude impertinente e descortês de um dos agentes, tive de assinar um termo de responsabilidade para ficar com a máquina, descrevendo o tipo de câmera fotográfica, transferindo para mim a responsabilidade pela segurança do equipamento, alertando sobre a possibilidade de perda e/ou roubo dentro do presídio. Tratava-se, evidentemente, de uma desconfiança da interferência que a câmera poderia exercer naquele contexto, como atestar, oferecer provas e, assim, criar tensões.

É o que nos lembra Susan Sontag ao escrever: "Tirar fotos é um evento em si mesmo, e dotado dos direitos mais categóricos — interferir, invadir ou ignorar, não importa o que estiver acontecendo" (Sontag, 2004:21). Assim sendo, já que a câmera fotográfica é um potencial "posto de observação", e o ato de fotografar, mais que uma observação passiva (Sontag, 2004:21.), minha entrada com a máquina no presídio Talavera Bruce foi acompanhada por duas agentes penitenciárias e regida por proibições: "Não pode fotografar os muros da creche, os agentes, o berçário, as crianças, os espaços da creche nem os espaços do TB".

As entrevistas foram realizadas em uma sala localizada no prédio da administração, ao lado da inspetoria. Sem privacidade, as detentas e eu ficamos constrangidas com a presença das agentes, que procuravam nos convencer de que "aqui é mais seguro pra todo mundo".

## "Você vai fotografar?"

Indagada a respeito da gravidez naquele ambiente, Priscila, 29 anos, apesar de me receber com muita simpatia, não responde muito à vontade. Declara que sua gravidez "é normal, como qualquer outra". Digo que, por não ter filhos, não entendo o que significa "normal como qualquer outra". Ela insiste, repetindo: "É tudo normal! Faço tudo!" Logo em seguida, todavia, ela recua: "Aqui é muito doloroso. Dificultoso para nós. Hoje estou calma, fui à médica, mas ontem estava nervosa com o barulho. Aqui é muito barulho. E parece que a gente sente mais".

A Penitenciária Talavera Bruce apresenta um ambiente sonoro bem peculiar: barulho constante das oficinas, sons emanados dos gestos das detentas, em tons variados, altos, gargalhadas, xingamentos, conversas e solicitações. Ruídos metálicos dos portões, das "trancas",[8] e o timbre dos mandos disciplinares. A confluência dessas expressões sonoras

---

[8] Celas individuais de segurança.

marca, em particular, o potencial comunicativo e emocional desse espaço, e acaba apresentando mais um "personagem" na penitenciária, o campo sonoro. Essa experiência simbólica do som é aqui objeto de reclamação de Priscila: "Fico irritada, nervosa, com o barulho daqui. Mesmo morando sozinha. [...] e ainda hoje tive enjôo, e enjoar aqui, sozinha, sem remédio, sem nada, e com esse barulho... nem consegui me alimentar direito. [...] nas outras barrigas não fiquei assim, não". Ela vê a máquina fotográfica:

— Você vai fotografar?

— Sim, se você quiser podemos fazer algumas fotos.

— É lógico que ela quer! Até se arrumou toda, olha! [acrescenta uma das agentes penitenciárias].

Priscila tinha sido avisada da entrevista e da fotografia. Reparo no batom, no penteado, na roupa. É a maquiagem e o vestir que individualizam os corpos naquele espaço. Mais que isso, como aponta Sylvia Caiuby Novaes:

> A própria presença da câmera já é, em si, elemento que aciona, naqueles que serão filmados [ou fotografados, acrescento] a consciência da imagem que eles exibem para o equipamento e o seu operador. Isto desencadeia o processo de construção de uma imagem a ser exibida, não aquela que é vivida cotidianamente, e sim aquela que se quer projetar, num âmbito externo à comunidade [2004:12].

Para me salvaguardar de tantas regras para fotografar, e também para estabelecer uma relação de confiança, propus que Priscila me indicasse como gostaria de ser fotografada, garantindo-lhe que, no fim de cada sessão, veríamos as imagens e "deletaríamos" as não autorizadas. Por orientação das agentes, eu já sabia que não poderia fotografar o rosto dessas mulheres. Assim fizemos. Concentramos as fotografias na barriga.

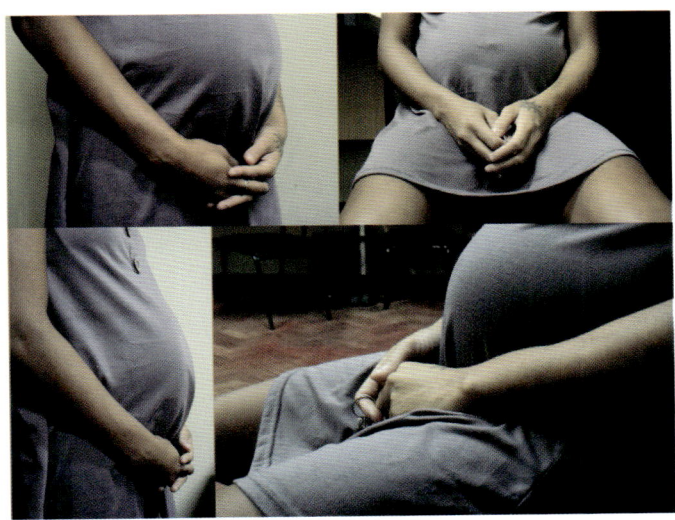

## No fotografar atento para as tatuagens

Ao deparar com o universo das tatuagens dentro do sistema penitenciário, pude constatar, imediatamente, que se tratava de um sistema de comunicação específico, fechado e articulado com a criminalidade. No presídio Talavera, é comum encontrar corpos femininos tatuados. Entretanto, seus significados diferem daqueles produzidos no universo carcerário masculino, onde as tatuagens na maioria dos casos são marcas de pertencimento e domínio. Um poder que se insurge e resiste dentro da prisão, que ameaça e afronta o poder da instituição e o do Estado. Nesses sinais corporais, o que temos são as inscrições das modalidades do crime: "Tatuagem na cadeia não é coisa simples, é coisa séria [...] é o espelho", diz Sandro (24 anos), condenado a 15 anos por assalto seguido de morte, e "com sete anos cumpridos", durante uma sessão fotográfica sobre tatuagens no presídio Bangu 2. Indagado sobre o significado de sua tatuagem — uma pistola —, ele revela: "É 157".[9]

Entretanto, na Penitenciária Talavera Bruce, poucas são as detentas que inscrevem nos corpos seus atos infracionais e suas associações criminosas. As internas que entrevistei, por exemplo, não faziam uso *aparente* da tatuagem como emblema de desvio. Nelas, notam-se elementos figurativos com motivos florais, celestiais, pássaros, borboletas e corações. Há também tatuagens com motivos escritos, expressando, por exemplo, palavras de amor, iniciais, nomes de companheiros e parentes (mãe, filhos, em especial). As escolhas dos locais das tatuagens também são significativas e merecem atenção. No caso dos homens, elas são feitas nos braços, costas, peitos, mãos e dedos. Nas mulheres, figuram na parte baixa das costas, no quadril, pé, pescoço, virilha, sendo que três outros espaços do corpo feminino são os mesmos preferidos pelos homens: o antebraço, as mãos e os dedos.

Rosi tem os dedos tatuados com iniciais de nomes que não quis revelar. No antebraço inscreveu o nome da mãe — Maria — com uma tatuagem figurativa construída a partir de pontos que formam uma cruz e outras figuras.[10] No braço, gravou os nomes dos filhos: "Eduardo e Eduarda".

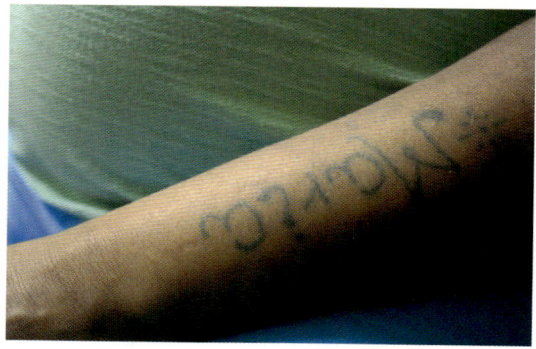

---

[9] O número refere-se ao art. 157 do Código Penal: dolo no roubo e culpa na morte.
[10] • é homicídio; ::, uso de drogas e tráfico; :•:, assalto, drogas, tráfico, homicídio etc.

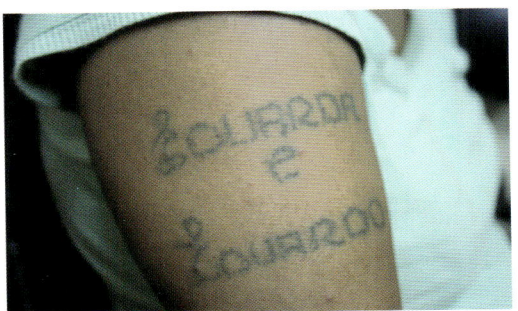

Já Priscila tatuou um sol nas mãos e no antebraço. Escreveu: "Mãe te amo".

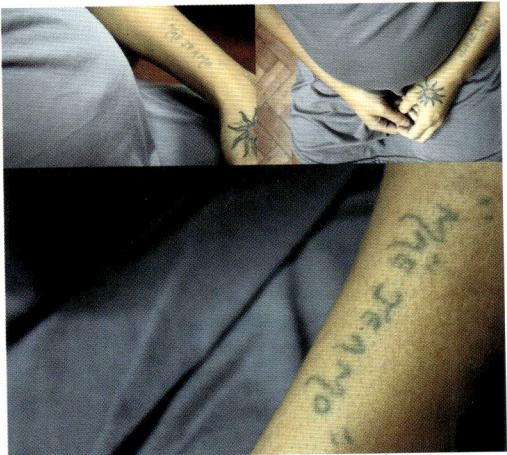

No pé, gravou três estrelas, logo acima do nome dos dois filhos e de uma sobrinha. "A filha que queria ter": Patrick, Paloma e Pablo.

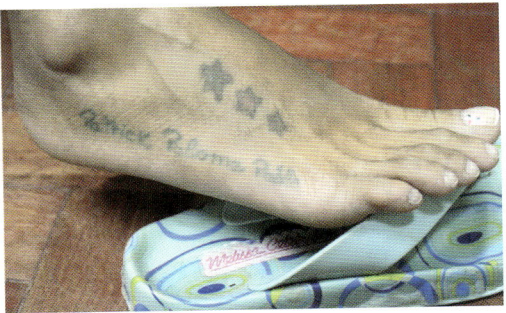

Sabemos que as escolhas desses signos não são arbitrárias, mas dotadas de intencionalidades. Se considerarmos as tatuagens um sistema de comunicação que mostra ou oculta mensagens inscritas na pele, podemos supor, pelas suas localizações, que as tatuagens de Priscila e Rosi visam à projeção gráfica de sentidos, tanto pessoal quanto social.

Tatuagens possuem forte carga evocatória: filhos e mães. São textos visuais — sínteses autobiográficas — que não só fazem do corpo o suporte de discursos sobre as relações familiares (em especial, à maternidade) como também recriam e ressignificam tais relações. Marcar a superfície corporal também pode ser interpretado como a busca de uma identidade própria, um tornar-se sujeito pelo corpo. Dessa forma, Priscila e Rosi, ao dedicar seus corpos às suas mães e filhos, tentam reconstruir suas relações familiares, pois, na impossibilidade de estarem juntos — não foram criadas por suas mães biológicas e não criaram seus filhos —, acabam por fixá-los na pele, fazendo com que eles habitem seus corpos. "Quero saber logo se é menina pra tatuar. Eu quero uma menina, Pamela", diz Priscila.

É importante ressaltar que, no universo da Talavera Bruce, a compreensão e a vivência da maternidade não são facilmente dedutíveis. A gravidez e a maternidade, para esse grupo, constituem ambivalências construídas a partir da incompatibilidade entre as duas condições — ser mãe e estar presa.[11] O confinamento e as condições do nascimento do filho marcam o estatuto do filho — "preso" —, pois "ele nasce preso". São exatamente essas condições que provocam sentimentos de rejeição e de aceitação da maternidade:

> Eu só tenho ele. Aqui e lá fora também só tenho ele, porque o pai me abandonou, nem me escreve mais. Não vejo o meu filho, nem ninguém me visita. Aqui ele já é a minha única companhia, meu acalanto. Mas quando vejo e penso [em] algum bebê saindo, fico muito triste. Dá uma angústia, [...] sei que vou sofrer muito, mas ele vai sofrer menos do que eu porque aqui ele vai ficar preso comigo, mas lá fora vai ser melhor. Ele já deve estar sentindo, mas

---

[11] Sobre a gravidez no presídio, ressalto que temas como aborto e estupro não foram citados pelas internas nas entrevistas.

ele vai ficar com a minha mãe, vai ser melhor [Michele, 25 anos, presa por sequestro].

Eu me envergonho, me envergonho. Entrei nisso sem precisar porque tenho marido e família, [...] meu marido é empresário. Tem uma oficina, faz consertos, mas queria um quarto bonito, um enxoval. Nem sei como fui fazer isso [tráfico de entorpecentes], nem sei como vou viver com isso, com esse sentimento. Eu olho pra mim, penso no meu filho e no futuro que estou dando pra ele. Como vou explicar que ele nasceu numa prisão?! [Clara, 36 anos, detida como "mula"[12] do tráfico].

A preocupação com as consequências para a vida dos bebês é recorrente nas entrevistas. Tais discursos, narrados com tristeza e culpa, apontam para uma compreensão da gestação e da maternidade vividas na penitenciária como experiências angustiantes e diferenciadas daquelas passadas na sociedade livre. Experiências que, durante o período da gestação, comprometem a construção de um vínculo afetivo com seus bebês: "Não gosto nem de pensar porque não quero me apegar. Não sei se vou dar pra minha família, não sei com quem vai ficar, mas não quero pensar nisso". É assim que uma interna encerra uma entrevista que mal começara.

Durante a gestação há uma demanda por cuidados mais concretos, e as emoções, nesse período, passam a ser redefinidas segundo preceitos que buscam exercitar uma boa relação materno-infantil. Porém, como a penitenciária feminina se caracteriza pela marcante presença de tratos desumanos, humilhações, desafetos, pela fragilização das relações familiares e pelas *ausências* não só de materiais básicos — como água, sabonete, produtos íntimos e papel higiênico —, mas também de atendimento médico, ela acaba por se tornar um lugar incompatível com a maternidade.

---

[12] O termo "mula" se refere ao indivíduo que, conscientemente ou não, transporta droga em seu corpo. Para os traficantes, utilizar esse tipo de "mão de obra" é mais vantajoso por afastá-los da fiscalização, por envolver pessoas que em geral não levantam suspeitas, as grávidas, por exemplo, e pelo fato de que, caso uma mula seja presa, os "prejuízos financeiros" são menores.

Cabe ressaltar que, como consequência do ato criminoso, as encarceradas recebem atributos estigmatizantes, os quais podem ser reconhecidos no relato de uma agente penitenciária:

> Minha grande experiência no sistema é em unidade prisional masculina. Lidar com mulheres é uma experiência sempre desafiante. Elas trazem diferenças entre o preso masculino, né? É tudo mais delicado. E também mais violento. Elas trazem bastante demanda. A unidade feminina tem nuances e demandas que você não encontra numa unidade masculina. Falando em palavras, assim, mais simplificadas: trabalhar numa unidade masculina de mil presos "é mais fácil" do que trabalhar numa feminina de 100. Dei esse exemplo pra você ter uma ideia de como elas são. Essa é inclusive uma visão unânime em todo sistema, de todo mundo que trabalha na Seap. Trabalhar aqui é muito mais difícil por conta da natureza feminina...

No imaginário institucional,[13] essas mulheres acabam não correspondendo à prédica daquilo que seria compreendido como "boa mãe", e são tratadas como mulheres "naturalmente agressivas" e "mães desnaturadas", principalmente por não se dedicarem aos cuidados dos filhos. O tema merece destaque porque reforça o papel das mulheres como cuidadoras. Para Clara Araújo e Celi Scalon (2005:22), o cuidado, entendido como "a provisão diária de atenção social, física, psíquica e emocional das pessoas", assim como as responsabilidades familiares, ainda é um atributo exclusivo das mulheres. Essas atividades, ausentes em uma penitenciária feminina, contribuem para a naturalização da maldade, não só das mães, mas das mulheres que cometem delitos. Essa é uma das mais contundentes construções de gênero presente desde a criação da Penitenciária Talavera Bruce, no início do século XX, cons-

---

[13] Ressalta-se que esse imaginário se confunde com o aprofundamento das doutrinas religiosas, sobretudo dos evangelhos pentecostais, entre as detentas, especialmente entre funcionários, agentes penitenciários e diretores das unidades. Vide a inscrição religiosa — de filiação evangélica, de acordo com a direção — no portão principal da penitenciária: "Se o Senhor não guardar a cidade, em vão vigia a sentinela" (Salmos, 127.1)

truída para reabilitar os instintos positivos das mulheres. Entretanto, ao contrário dos olhares institucionais, encontramos uma ressignificação da maternidade a partir de um repertório de culpas e vergonhas produzido pelos vínculos prisionais:

> Ela (o bebê) é mais uma pena que tenho que cumprir aqui, sabe?! Olho pra ela (barriga) e sofro por ela, sofro muito por tá dando essa vida pra ela. Essa vida é minha, e não é dela, mas ela tá vivendo aqui. Cadeia não é lugar pra ninguém, ainda mais pra uma criança. Meus outros filhos estudam, moram com o meu irmão, mas ela, não sei o que vai acontecer [Priscila, 29 anos].
>
> Eu fico pensativa e preocupada. Aqui a gente pensa muito. Penso porque, eu vou te dizer, eu sou viciada. Fico preocupada porque aqui fez só dois encontros (ultras) com a médica e já estou com sete meses. No meu outro filho, foi tudo certo. Tinha enxoval e tudo. Aqui, nem isso eles ajudam. Tenho uma coisa ali, outra aqui, que a gente acaba ganhando, mas muito pouco. Fico pensando também no parto [Rita, 30 anos].

## As relações familiares

— Tenho mais dois filhos: dois meninos. Um de 14, outro de 12, mas não sei deles, porque desde a primeira cadeia que estão com a vó. Moravam comigo antes, quando eram pequenos. Depois que eu "rodei", foram ficar com a minha mãe e o meu irmão, que é militar.

— Então faz pouco tempo que vocês estão separados? [perguntei].

— Não! Essa é a minha segunda cadeia.

Priscila estudou até a 6ª série do ensino fundamental. Ela não conheceu o pai e nunca soube nada sobre sua identidade. Desde cedo aprendeu a ir sozinha para a escola, e logo desistiu de estudar porque "ia obrigada". Priscila não conviveu com a mãe, apesar de ter morado anos na casa ao lado, na companhia da avó materna, na favela da Rocinha (Rio de Janeiro): "Fui criada pela minha vó com o meu irmão mais velho, mas ela (irmã mais nova) morava com a minha mãe". Claudia Fonseca (1995, 2000) analisou a difícil escolha entre sobrevivência e laços familiares em grupos que vivem momentos de rupturas — morte de um dos cônjuges, separação e desemprego — ou famílias com alterações nas relações conjugais, nas camadas populares. Nesses grupos, os pais dividem a responsabilidade e o cuidado das crianças com uma grande rede de sociabilidade, na qual a família e a vizinhança estão envolvidas.

A essa responsabilidade coletiva Fonseca chamou de "circulação de crianças". Nessas práticas — compreendidas também pela pesquisadora como sistema de solidariedade —, as mães, em sua maioria, entregam informalmente os filhos aos cuidados de um parente, da madrinha ou padrinho, de preferência alguém da rede de relações da mãe. As crianças não são dadas em adoção, e a circulação ocorre dentro de uma lógica de prescrições morais no interior da rede de parentesco. Fonseca esclarece (1995:36): "A mãe biológica quase nunca considera ter "abandonado" seus rebentos. [...] Mães que entregaram seus filhos a outros consideram que sacrificaram suas prerrogativas maternas em benefício destes".

A autora atribui uma lógica bem particular à circulação de crianças, já que ela envolve um sistema de valores em que a relação mãe-filho é elemento importante, mas não o único. Trata-se da ajuda mútua entre mulheres, pois a circulação tende a amenizar os custos financeiros de uma criança, assim como consolidar os laços de consanguinidade e de afinidade. Como afirma Clarice Peixoto (Peixoto et al. 2000:101): "Cuidar ou criar é uma tarefa das avós. [...] e 'criar' possibilita a construção de uma relação permanente, pois se trata de manter e educar os netos, em suma, de substituir um dos pais ou os dois, se as circunstâncias o obrigam e durante o tempo que for necessário".

Os dois filhos de Priscila tiveram a mesma sorte que ela — vivem com o tio —, e ela terá o bebê que espera, pois "ele vai ficar com o pai", de 40 anos e sem filhos. Eis a razão de Priscila decidir "deixar a criança com ele". Ela e o companheiro foram detidos juntos, "pelo 157": roubo e extorsão. Ele sairá antes, porque ela "tira" "duas cadeia(s)". A conta sobre os anos de cadeia que deve cumprir é pouco clara. Na verdade, é bastante complicada. Ela afirma que sua sentença "é de 13", mas que vai "tirar sete anos":

Primeiro rodei no 157, e depois no antigo 12, por tráfico aqui dentro do sistema. [...] Jogaram um saco cheio [de drogas] na quadra, peguei, e a inspetoria me pegou. A minha cadeia agora é de 13 anos. Então, como já tenho dois [anos] de cadeia, pego mais cinco e saio com sete. Vou tirar sete anos aqui. [...]. Já estive aqui em 2004 [cumprindo pena], entrei de novo em 2008 com o 157. Aí são duas cadeias.

Ela relata que houve uma "exasperação" da pena, um acréscimo. Priscila engravidou na primeira visita íntima com o marido, na prisão, está grávida de seis meses, mas ainda não sabe o sexo do bebê. Em tom de queixa, diz que fez *um pré*-natal[14] — "poucos dias atrás" — que consistiu apenas num exame de "toque" realizado pela médica da Talavera Bruce, mas nenhum outro exame. A situação é comprovada por grande parte das gestantes entrevistadas no mesmo período.

O companheiro de Priscila está encarcerado em Bangu 6: "Fui no carro do leite", diz ela. "Carro do leite" designa o transporte das presas que têm autorização para as visitas íntimas e cujos companheiros estão em outra unidade do complexo. Elas são escoltadas até as celas destinadas às visitas, em geral permitidas a cada 15 dias. Sobre essa situação, diz uma agente: "É mais fácil e mais seguro escoltar uma presa que um preso."

---

[14] No dia 6 de maio de 2009, o plenário do Senado aprovou duas emendas ao Projeto de Lei nº 335/95, que muda a Lei de Execuções Penais (Lei nº 7.210/84). O texto garante à presidiária grávida e ao recém-nascido acompanhamento médico no pré-natal e no pós-parto, além de berçário e creche para o filho até os sete anos de idade. O projeto será enviado à sanção presidencial. De acordo com o texto, os estabelecimentos penais devem oferecer uma seção para a gestante e um berçário onde as condenadas poderão cuidar de seus filhos e amamentá-los, no mínimo, até os seis meses. A creche abrigará crianças desamparadas (de seis meses a sete anos), cujas mães ou responsáveis estejam presas.

Entretanto, para Priscila, o trajeto é muito constrangedor: "A gente sai daqui algemada e ouvindo graça; te tratam mal, alguns agentes são grossos: ficam dizendo graças pros outros, que o "carro do leite" chegou. [...] eles sabem o que é, e, na volta, não é legal voltar, [...] nunca fiz o parlatório. Dessa vez resolvi fazer o parlatório e fiquei de barriga".

Rosi (28 anos) confirma essa situação constrangedora. Como Priscila e outras quatro entrevistadas, ela engravidou na prisão. "Parei de tomar remédio e agora espero uma menina" (*risos*). Está no sexto mês de gestação e soube, pela ultrassonografia, que a criança era do sexo feminino. Ela fez dois exames desse tipo. Seu companheiro é um antigo namorado que a reencontrou na prisão: "Quando [ele] descobriu que eu estava presa, me escreveu. A gente trocava cartas, e pedi o parlatório". Para muitas internas, a troca de cartas representa a manutenção dos vínculos afetivos, o estabelecimento de novos relacionamentos e a retomada da vida sexual. Nas seções Correio Sentimental e Recados de Amor do jornal *Só Isso!*, homens e mulheres de diversas unidades prisionais não só do Rio de Janeiro como também de outros estados fazem declarações de afeto, publicam poemas e/ou buscam amizades. As seções cumprem também uma função agregadora no espaço prisional. Percebi, ao longo da entrevista, que Rosi tinha nas mãos uma correspondência.

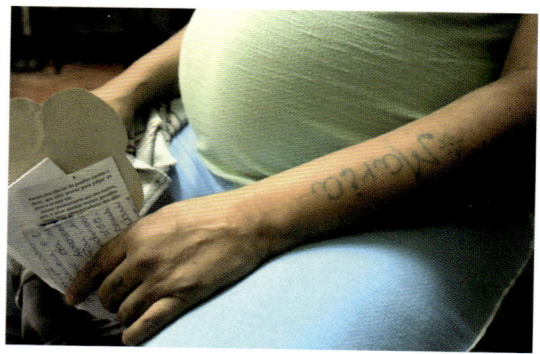

Ela não sabe precisar a quantidade de cartas que trocou com o pai do seu filho, mas diz que "a última vez foi há cinco meses", ou seja, quando engravidou. "Na última vez, brigamos e cancelaram as nossas carteirinhas". Desde então, ela não recebe mais cartas nem tem mais direito ao parlatório. Durante o fotografar, descubro que ela, ao contrário das outras detentas, raramente recebe a visita de filhos e familiares. Segundo o relatório final do grupo de trabalho interministerial para a reorganização e reformulação do sistema prisional feminino, publicado em dezembro de 2007, as visitas nas unidades prisionais brasileiras são reduzidas:

> Pesquisa realizada pela Pastoral Carcerária em unidades prisionais, em diferentes estados brasileiros, constatou, ao longo dos dois últimos anos, que na Penitenciária Estadual Feminina de Tucum, única penitenciária feminina do estado do Espírito Santo, 50% das mulheres presas não recebem visitas; no Presídio Nelson Hungria, no estado do Rio de Janeiro, somente cerca de 150 presas de um total de 474, ou seja, menos de um terço, recebem visitas [Brasil, 2007:89].

Os fatores que dificultam essas visitações são inúmeros, mas a concentração de unidades em locais distantes, os custos financeiros do deslocamento, os calendários que estabelecem as visitas apenas em dias úteis e o estigma experimentado pela mulher delituosa são fatores que contribuem decisivamente para o abandono das presas pela família e pelos amigos. Assim, na prisão, a vida das mulheres representa, além da perda da liberdade, outras privações impostas pelas rotinas disciplinares que subjugam a interna e também sua família. No contexto do aprisionamento feminino, é comum os familiares se afastarem durante o período prisional, principalmente os maridos ou companheiros, seja por questões de cunho moral, seja por não se disporem a frequentar a prisão durante o cumprimento da pena. Eles acabam rompendo o relacionamento amoroso e criando, para as mulheres, um isolamento afetivo. A distância entre a penitenciária e o local de residência dos familiares é um dos principais motivos do afastamento, pois as visitas demandam recursos financeiros extra para arcar com o custo do transporte. Somam-se a isso os relacionamentos conflituosos anteriores à detenção.

Sobre a convivência familiar, há um traço comum à maioria das pesquisadas. Das 20 detentas entrevistadas, 15 informaram que tinham problemas com suas famílias, e que, com o encarceramento, os conflitos se acirraram. Algumas dizem que "não viveram com a família" ou "não tiveram uma família", outras, que foram "criadas sozinhas". Entretanto, esse abandono na infância encobre motivos diversos, como a morte de progenitores, o abandono do lar pelo pai ou mãe, as vulnerabilidades financeiras, as dispersões familiares e os históricos de violência doméstica. O relato de Rosi é exemplar a esse respeito: "Sei que tenho mais três irmãos. Uma irmã de 35 anos que faz faxina no Fórum, um irmão de 22 que não sei o que faz, e mais um de mais de 40 que nunca vi porque não moramos todo mundo junto. Quem me criou foi uma tia quando a minha mãe morreu [...] morreu quando eu tinha 10 anos".

Para muitas, as visitas se tornaram escassas, restando apenas poucas cartas, trocadas entre as unidades, ou os eventuais e rápidos telefonemas, que também são percebidos como um "privilégio" concedido pela administração. Eis a realidade de uma penitenciária feminina que se apresenta como modelo no sistema penitenciário brasileiro.

## Por fim, o dispositivo fotográfico

Priscila pede uma foto de corpo inteiro "pra guardar". Uma das agentes lembra que não é permitido fotografar o rosto. Intervenho afirmando que, segundo a VEP, "a decisão é dela", e mostro um termo de cessão de imagem. Quando retomamos o fotografar, Priscila sugere fazer as fotos ao lado dos computadores, "pra não parecer uma prisão". A partir de então, ela passa a se comportar de modo diferente daquele do início do nosso encontro; menos desconfiada, agindo com mais firmeza e naturalidade. Vi outra Priscila. Era o momento de explorar essa nova forma de comunicação que se estabeleceu com a fotografia.

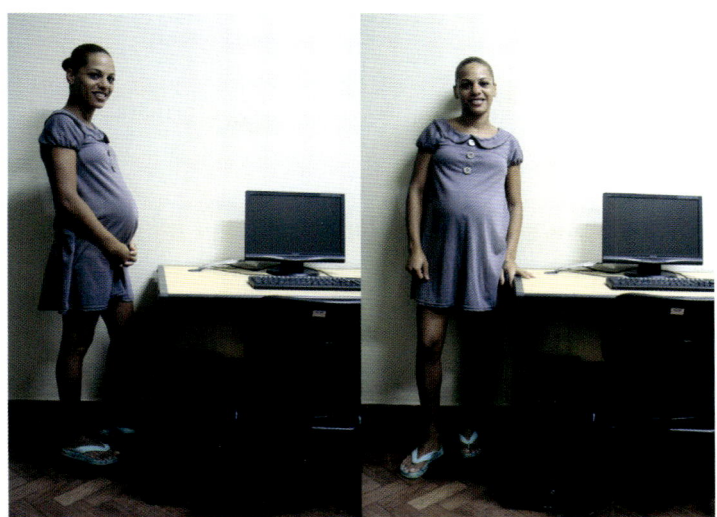

Ao dar-se "para ser vista" e "se olhar", Priscila revelou algumas camadas que compõem seu universo no encarceramento, como a recriação do cenário, o reconhecimento do corpo e os gestos partilhados no momento da pose. Quando viu sua imagem, a surpresa: "Minha barriga! [...] ela está pequena demais. A doutora falou que estava grande. Não está grande".[15]

Sobre o corpo, José Carlos Rodrigues salienta que a experiência do corpo é sempre modificada pela experiência da cultura, pois "no corpo está simbolicamente impressa a estrutura social; e a atividade corporal — andar, lavar, morrer — não faz mais que torná-la expressa" (Rodrigues, 1983:125, grifos do autor). Marcel Mauss, um dos primeiros a ressaltar o papel da cultura na conformação do corpo, propôs, em estudo sobre as técnicas corporais: que "olhemos para nós mesmos, nesse momento.

---

[15] Cabe ressaltar que, na Talavera Bruce, as internas têm acesso a um salão de beleza, e que, portanto, a entrevistada provavelmente acompanhava a transformação de seu corpo refletida no espelho.

Tudo em nós é imposto" (Mauss, 2003:408).¹⁶ Segundo ele, seria necessária realizar uma catalogação dos modos como os seres humanos, nas diversas sociedades, se utilizam de seus corpos na vida diária, destacando o caráter mimético da aprendizagem que, segundo o autor, se dá pela imitação: "O que se passa é uma imitação prestigiosa. A criança, como o adulto, imita atos bem-sucedidos que ela viu ser efetuados por pessoas nas quais confia e que têm autoridade sobre ela. O ato se impõe de fora, do alto, mesmo um ato exclusivamente biológico, relativo ao corpo" (Mauss, 2003:405). "É precisamente nessa noção de prestígio da pessoa que faz o ato ordenado, autorizado, provado, em relação ao indivíduo imitador, que se verifica todo o elemento social" (Mauss, 2003:405).

Essa noção, que Mauss nomeou de *habitus*,¹⁷ foi retomada por Pierre Bourdieu, para quem o corpo é o espaço em que a cultura se localiza; onde se situam os principais esquemas de percepção do mundo, formados a partir das estruturas fundamentais de cada grupo. É nele, prossegue o autor, que a cultura é incorporada por meio de um mecanismo denominado *habitus*,¹⁸ que seria a própria naturalização da cultura; sendo o corpo, mesmo em seu plano mais "natural", um produto social, já que a própria ideia de "natural" seria uma representação.

Para Michel Foucault, é no corpo, por meio de regimes de controle e mecanismos punitivos, que as relações de poder se encerram. Dessa forma, para este autor, a história do corpo é na verdade a história dos saberes ou das técnicas de procedimentos "prescritos aos indivíduos para fixar sua identidade, mantê-la ou transformá-la". Técnicas que colocam o corpo humano numa "maquinaria de poder que o esquadrinha, o desarticula e o recompõe" (Foucault, 2003:119). Ou, ainda, "uma anatomia política",

---

[16] Mauss antecipou os trabalhos da Escola Americana de Cultura e Personalidade (Ruth Benedict e Margaret Mead).
[17] Conceito também já empregado por Émile Durkheim e Max Weber.
[18] "Sistema de disposições socialmente constituídas que, como estruturas estruturadas e estruturantes, constituem o princípio gerador e unificador do conjunto das práticas e das ideologias características de um grupo de agente" (Bourdieu, 1998:183-202).

saberes que não apenas educam os corpos, mas acabam produzindo subjetividades, principalmente pelo incitamento e encadeamento de posições e identidades.

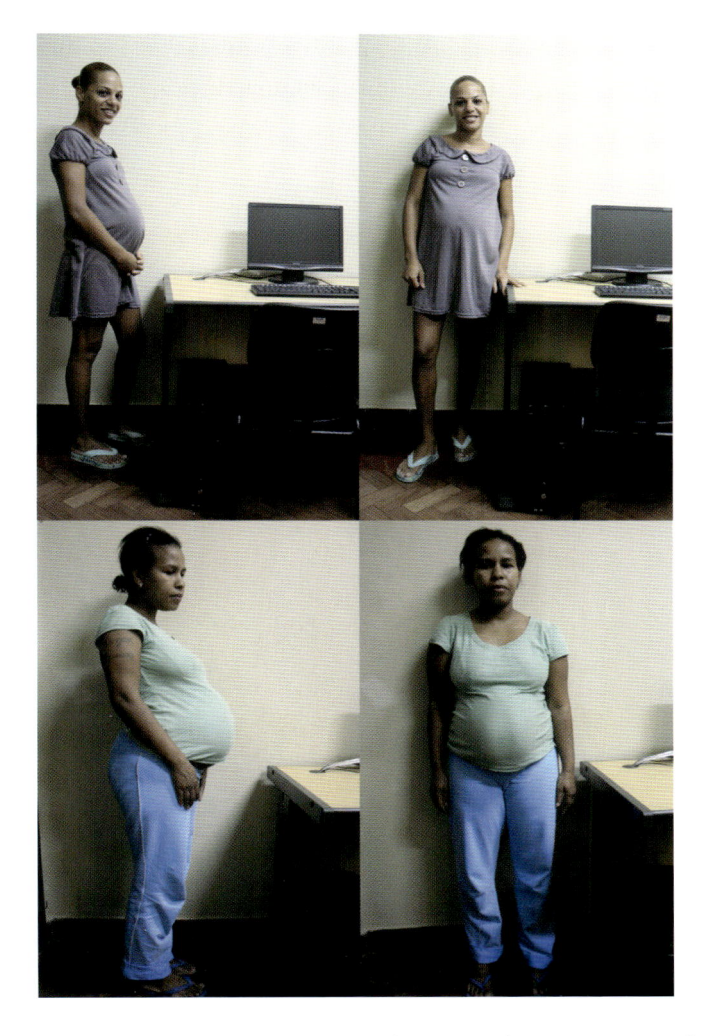

Em pé e diante da câmera fotográfica, Priscila e Rosi reproduziram instantaneamente as poses de identificação típicas das fotografias jurídicas: de frente e de perfil. Tais gestos recuperaram no meu fotografar o paradigma disciplinar do século XIX que regulava o corpo desviante. O ato fotográfico se aproximou, mais uma vez, das imagens antropométricas/judiciárias de Alphonse Bertillon, Francis Galton e Cesare Lombroso (Samain, 1993), as quais buscavam marcas e inscrições corporais capazes de tipificar e acusar personalidades ditas "criminosas", "assassinas", "loucas" etc. Num determinado momento, e numa demonstração de controle sobre o corpo da detenta, uma agente ordenou que Rosi levantasse a blusa e me mostrasse sua tatuagem na barriga. "Veja isso! Olha só!", disse a agente, em tom de reprovação.

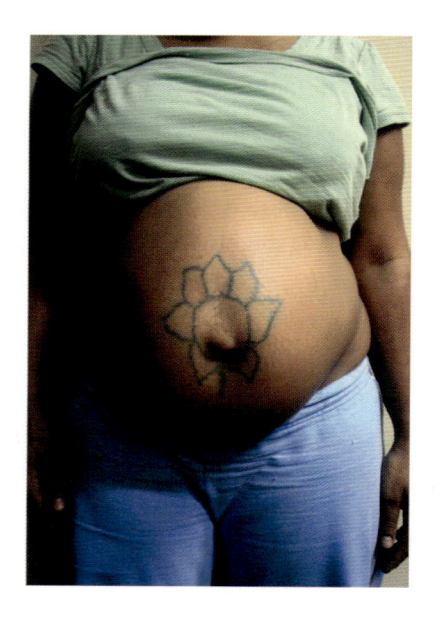

A fala da agente lembra a ideia kafkiana expressa no conto "Na Colônia Penal", em que se inscreve no corpo de um condenado a sentença que o levou à punição (Kafka, 1996). O resultado foi uma fotografia de corpos sujeitados (incluindo também o meu) pelas técnicas de poder; e, ao mesmo tempo, sujeito de um discurso de resistência, pois contrário aos valores morais e aos discursos sobre a saúde daquela que o descobriria.

As *poses* me incomodaram. O mesmo desconforto vivenciado quando fotografei os detentos do Bangu 2: naquele momento, o pressuposto da "subordinação" transformara minha câmera num "dispositivo fotográfico" acionado por "dispositivos disciplinares" (Foucault, 2003). Resolvi, então, não mais fotografá-la, pois, nessa experiência, *também* compartilhada, fotografei o que não queria, e certamente o que Rosi *também* não desejava revelar. Fotografei um enquadramento condicionado ao mando da agente penitenciária. Fotografias *também* são meios de "tornar reais" situações que talvez preferíssemos ignorar. Dizem que alguns antropólogos se transformam em nativos, então, eu me senti como Rosi, coagida como ela. Aliás, ali, todos somos, pois naquele espaço não se sabe o que falar, para onde olhar. Dessa forma, acabamos fazendo o que as agentes mandam.

## Referências bibliográficas

ARAUJO, Clara; SCALON, Celi (orgs.). *Gênero, família e trabalho no Brasil*. Rio de Janeiro: FGV, 2005.

BOURDIEU, Pierre. Campo do poder, campo intelectual e *habitus* de classe. In: MICELI, Sérgio (Org.). *A economia das trocas simbólicas*. 5ª ed. São Paulo: Perspectiva; 1998. p. 183-202.

BRASIL. Congresso Nacional. Lei nº 7210, de 11 de julho de 1984, Lei de Execução Penal.

_____. Lei nº 8.069, de 13 de julho de 1990. *Estatuto da criança e do adolescente*. Brasília: Ministério da Saúde, 1991.

_____. Ministério da Justiça. *Sistema Penitenciário Nacional do Brasil*. Dados consolidados. Departamento Penitenciário Nacional. Brasília, 2007.

CAIUBY NOVAES, Sylvia. Imagem em foco nas ciências sociais. In: CAIUBY NOVAES S, et al. (orgs.). *Escrituras da imagem*. São Paulo: Edusp/Fapesp, 2004. p. 11-18.

COELHO, Edmundo Campos. *A oficina do diabo*: crise e conflitos no sistema penitenciário do Rio de Janeiro. Rio de Janeiro: Espaço e Tempo, 1987.

COPQUE, Bárbara. Família é bom pra passar o final de semana. *Cadernos de Antropologia e Imagem*, v. 17, n. 2, 2003a.

_____. *Meninos-fotógrafos*: a fotografia como um dado no conhecimento etnográfico. Dissertação mestrado – Rio de Janeiro, Programa de Pós-Graduação em Ciências Sociais/PPCIS-Uerj, sob a orientação de Clarice Peixoto, 2003b.

_____. *Uma etnografia visual da maternidade na Penitenciária Talavera Bruce*. Tese doutorado – Rio de Janeiro, Programa de Pós-Graduação em Ciências Sociais/PPCIS-Uerj, sob a orientação de Clarice Peixoto, 2010.

FARREL, Ann. The experience of young children and their incarcerated mothers: a call for humanly responsive policy. *International Journal of Early Childhood*, v. 26, p. 6-12, 1994.

FONSECA, Cláudia. *Caminhos da adoção*. São Paulo: Cortez, 1995.

_____. *Família, fofoca e honra*. Porto Alegre: UFRGS, 2004.

_____. Mãe é uma só?: reflexões em torno de alguns casos brasileiros. *Psicol. USP*, v. 13, n. 2, 2002. Disponível em: <http://www.scielo.br/scielo.php?script=sci_arttext&pid=S010365642002000200005&lng=pt&nrm=iso>. ISSN 0103-6564. Acesso em: jul. 2005.

FOUCAULT, Michel. [1973].*Vigiar e punir*: história da violência nas prisões. 18ª ed. Petrópolis: Vozes, 2003.

GABEL, S. Les problèmes de comportement des enfants dont les parents sont incarcérés. *Forum*, v. 7, n. 2, p. 37-39, 1995.

GOFFMAN, Erwing. *Manicômios, prisões e conventos*. 7ª ed. São Paulo: Perspectiva, 2001.

JOHNSON, E. I.; WALDFOGEL, J. *Children of incarcerated parents:* Cumulative Risk and Children's Living Arrangements. Columbia University School of Social Work, 17 de julho de 2002. Disponível em: <http://www.jcpr.org/wp/wpdownload.cfm?pdflink=wpfiles/johnson_waldfogel.pdf >.

KAFKA, Franz. *A colônia penal*. Trad. Modesto Carone. Rio de Janeiro: Paz e Terra, 1996.

LEMGRUBER, Julita. *Cemitério dos vivos*: análise sociológica de uma prisão de mulheres. 2ª. ed. Rio de Janeiro: Forense, 1999.

MAUSS, Marcel [1936]. Ensaio sobre a dádiva: forma e razão de troca nas sociedades arcaicas. In: MAUSS, M. *Sociologia e antropologia*. São Paulo: Cosac & Naify, 2003.

PEIXOTO, Clarice, SINGLY François; CICCHELLI, Vincenzo (orgs.). *Família e individualização*. Rio de Janeiro: FGV, 2000.

RODRIGUES, José Carlos. *Tabu do corpo*. Rio de Janeiro: Achiamé, 1983

SAMAIN, Etienne. Entre a arte, a ciência e o delírio: a fotografia médica francesa na segunda metade do século XIX. *Boletim do Centro de Memória da Unicamp*, Campinas, v. 5, n. 10, p. 11-32, 1993.

SANTA RITA, Rosângela P. *Creche no sistema penitenciário*: um estudo sobre a situação da primeira infância nas unidades prisionais femininas. Brasília: Escola de Governo do Distrito Federal, 2005. ms.

_____. *Mães e crianças atrás das grades*: em questão o princípio da dignidade da pessoa humana. Brasília: Ministério da Justiça, 2007.

SARRADET, Jean-Louis. L'enfant de 18 mois vivant en détention avec sa mère. In: MICHAUD, Marie. *Enfants, parents, prison*. Paris: Fondation de France, 1992.

SEYMOUR, Cynthia. Children with Parents in Prison: Child Welfare Policy, Program, and Practice Issues. *Child Welfare*, v. 77, n. 5, set/out 1998. Disponível em: <http://www.cwla.org/programs/incarcerated/so98journal.intro.htm>.

SOARES, Bárbara Musumeci et al. *Prisioneiras*: vida e violência atrás das grades. Rio de Janeiro: Garamond, 2002.

SOARES, Luiz Eduardo et al. *Violência e política no Rio de Janeiro*. Rio de Janeiro: Relume-Dumará/Iser, 1996.

SONTAG, Susan. [1997]. *Diante da dor dos outros*. São Paulo: Companhia das Letras, 2004.

UNICEF. *Relatório sobre a situação da infância brasileira* — desenvolvimento infantil, 2001.

# O casamento no drama de circo e na vida de artistas circenses: uma experiência no campo do filme etnográfico

Ana Lúcia Marques Camargo Ferraz

## A experiência do filme etnográfico com o circo

A pesquisa etnográfica que realizei acompanhou a trajetória da companhia Circo de Teatro Tubinho, que encena a dramaturgia da tradição do circo-teatro. Segundo essa tradição, uma rede de famílias circenses viaja pelas regiões Sul e Sudeste do país, apresentando dramas e comédias para plateias de pequenas cidades do interior. Mediada pela produção de um vídeo etnográfico, minha investigação centrou-se no trabalho desses atores e atrizes, de construir e desconstruir o drama circense, reinventando a tradição do circo-teatro. O grupo estudado tivera uma experiência de sucesso na temporada que percorreu o interior do Paraná até o sudoeste do estado de São Paulo. Essa companhia apresentava teatro de repertório (também chamado teatro de pavilhão), encenando uma peça diferente a cada noite, para um público que vinha lotando a plateia. O repertório desse tipo de companhia inclui dramas tradicionais, comédias e altas comédias, tendo como foco temático o casamento e as situações que colocam a família em risco: o adultério e a prostituição.

Há hoje em atividade uma dezena de companhias viajando pelo interior do Sul do país e apresentando o mesmo repertório. O circo-teatro hoje é um campo de disputas entre diversos sujeitos engajados na dinâmica cultural em torno da tradição do drama de circo. Circos são empresas de família que se caracterizam por produzir um repertório peculiar e pela hierarquia no modo de organização do trabalho. Como campo vivo na produção de cultura, esse gênero específico recria a tradição herdada, transformando o drama de teatro em comédia de costumes. O grupo continua a tradição de gerações de circenses, pais, avós, tios, que ganharam a vida viajando e apresentando teatro no circo. Verifiquei a presença, entre os artistas populares que estudei e acompanhei, de relações com a primeira fase do cinema brasileiro. Dona Lola Garcia, bisavó da atual geração circense, por exemplo, atuou no filme *Chofer de praça* (1959), de Mazzaropi. Relações com o teatro, o rádio e a televisão caracterizam o circo como espaço da incorporação e transformação de outras tradições dramáticas.

Com o desenvolvimento do drama, e a simultânea presença da paródia, o circo desenvolve seu método no diálogo com o tempo e o espaço de sua presença. Ele mantém uma relação com os meios de comunicação de massa e experimenta linguagens. Ocupando diferentes posições nas críticas de intelectuais e dramaturgos, o circo foi visto primeiro como gênero menor, mas aos poucos foi obtendo reconhecimento. Ermínia Silva destaca, no diálogo com a literatura produzida sobre o tema, a necessidade de superar as interpretações que se pautam em análises dicotômicas, opondo "elite e popular, centro e periferia, rural e urbano, cultura popular e cultura de massa" (Silva, 2007:26).

O circo, de fato, é resultado de um trabalho que pressupõe a construção de saberes e práticas a partir de mudanças, transformações, permanências e trocas com as realidades em que se situa. Nesse sentido, enfatizo o circo como espaço da formação do artista circense, familiar ou agregado, que opera um diálogo intenso com as múltiplas linguagens disponíveis em seu meio, capaz de formar um gênero artístico que se pauta pela troca e incorporação do novo na reafirmação da tradição.

Ao longo da pesquisa de campo, observei que os diálogos entre os atores eram plenos de referências aos personagens das peças. O idioma a apreender seria este, conhecer o contexto dos personagens, sua situação, suas relações, para compreender os debates em torno de um universo de valores específico que é a família circense. A presença do duplo como recurso para debater a experiência vivida me fez mergulhar na ficção, no jogo de papéis como recurso metodológico para instaurar a reflexividade no diálogo etnográfico.

Os vídeos que produzi, durante a pesquisa, foram a princípio concebidos como *feedbacks* de meu olhar, produtos parciais da pesquisa, a serem criticados, comentados, corrigidos, configurando instantes em nosso diálogo sobre a compreensão dessa forma específica que é a família circense. Assim, em *Circo de Teatro Tubinho* (60', 2006), apresentam-se o trabalho do artista circense e amostras da dramaturgia encenada — uma comédia, um drama e seus bastidores. Em *O palhaço o que é?* (30', 2007), encontramos o tema da família a orientar as narrativas dos circenses, assim como o tópico da comédia. E, na etnoficção *Amores de circo* (40', 2009), no recurso à fábula que articula histórias de diferentes pontos de vista, há uma companhia de circo-teatro que chega a uma pacata cidade do interior. Na ficção, criada em grupo, a família circense vive seu cotidiano, enquanto os moradores da cidade se encantam com o circo. As relações com o Estado e os temas do casamento e do adultério são revividos para a câmera a partir de histórias experimentadas ou imaginadas pelos atores e atrizes da companhia da tradição do circo-teatro.

## O casamento na vida de artistas circenses

No percurso de meu trabalho, deixei-me conduzir pelas indicações dos membros do grupo acerca de quais falas e situações seriam as mais eloquentes a respeito da vida no circo. Em determinado momento da pesquisa, após o primeiro ano de relação com o grupo e o primeiro *feedback* em vídeo reapresentado para o grupo, a compreensão dos artistas era de que um filme sobre o circo deveria contar a história da família. Ouvi então histórias de vida peculiares, que reservam um lugar central na narrativa à experiência do casamento.

Pode-se notar que, nas narrativas dos artistas circenses, o casamento é sempre a forma de ingresso no grupo. Em *O palhaço o que é?*, a fala de dona Lina Garcia, com seus 80 e poucos anos, narra sua vida no circo:

> Estávamos em Curitiba e o nhô Bastião Nhana ficou sem artistas e veio convidar meu pai para ir trabalhar com ele. Um tempo depois, meu pai quis voltar a ser dono de circo, foi a São José e comprou um circo pequenininho. Meus irmãos e eu já estávamos maiores, então ele pôs o nome Circo Irmãos Garcia. Antes era Circo Garcia. Eu trabalhava fazendo deslocação, saltos... E eu trabalhava vendendo também. Estava vendendo fotografias, não era vendido, era quanto queriam dar. Aí, tinha um rapaz que estava assistindo com um amigo que era de Curitiba mesmo. Eu não conhecia, mas

assim como oferecia pra outros, fui oferecer pra ele. Ele brincou comigo, disse: "Eu queria comprar o original!". Mas eu era muito acanhada, fui me retirando... No último dia, quando nós estávamos no embarque, indo embora de trem, para ir para outra cidade, ele falou com o meu pai se poderia acompanhar o circo. Ele falou: "Eu não sou artista, mas pretendo ser, um dia".

Passaram umas cinco praças, nós já estávamos em Canoinhas, Santa Catarina, com o circo. Ele já estava ensaiando para ser o galã da companhia, foi quando ele falou que queria namorar. Eu falei: "Ainda não esqueci do outro". Um tal de José Chagas, que tinha ido embora do circo... Ele falou: "Nós começamos a namorar, e eu faço você esquecer dele". "Não, eu não quero te enganar, ainda não esqueci".

Mas, aí, era o dia 2 de outubro, estávamos em União da Vitoria, dia do meu aniversário, ele falou: "Eu vou pedir sua mão em casamento!". Ele acompanhou o circo assim, noivo. Quando chegamos em Curitiba, casei na catedral. Aí, já veio o primeiro filho, depois o segundo, o terceiro. Tive sete filhos, sendo que três faleceram. Continuamos nossa vidinha sempre, sempre, no circo. E eles vão indo todos pelo mesmo caminho.

Na fala de dona Lina, a história do casamento aparece mediada pelo relato da aproximação amorosa. Esse *pathos* afetivo caracteriza os discursos e também o trabalho de levar para o palco uma apresentação do casamento como drama. Com a inserção da figura do cômico, o palhaço, e a crescente adaptação do drama tradicional de circo para a comédia, trabalho levado a cabo intensamente pelo palhaço cuja companhia estudo, trata-se de pôr em cena todas as tensões da vida em família, purgando-as pelo riso, e, simultaneamente, percebendo-as, lidando com elas, como veremos.

Em outra narrativa, de Jailson Martins, neto de dona Lina e também ator da companhia estudada, há uma aproximação do relato do casamento de seus pais e do seu próprio casamento, incluindo o conflito com a família de sua esposa, na busca da legitimidade do trabalho circense. No relato de Jailson, assim como no de dona Lina, o casamento é, necessariamente, não apenas meio de entrar para a família, mas também modo de acesso à profissão. Diz Jailson:

> Meu pai era vendedor, vendia amendoim, e minha mãe trabalhava em cena. Eles se apaixonaram e meu pai fugiu com o circo. Aí nascemos nós, eu, o Dionísio, meu irmão mais novo Elcinho, [...] não teve como fugir do teatro, do circo.
>
> Estávamos com o circo em Arapoti, saí à noite, no final do espetáculo, fui a uma casa de pagode que tinha lá. Encontrei a Viviane, minha esposa, mas ela nunca tinha ido ao circo antes, não conhecia. Aí, conversa vai, conversa vem, ficamos a noite inteira conversando, expliquei para ela o que eu fazia, e ela teve curiosidade e foi lá assistir. Passou o tempo, mudamos de cidade, fomos para uma cidade próxima, que era Jaguaraíva. E lá, um certo dia, falei: "Escuta, estou indo embora de Jaguaraíva para uma cidade mais longe. Quer ir comigo?" Ela falou: "Quero, né!"
>
> Fui lá para Arapoti, fui recebido bem lá, com revólver na cabeça. [O casal se entreolha e ri]. "Você roubou minha filha. Esse pessoal de circo é ladrão de mulher mesmo. Ah, você vai fazer a minha filha passar fome, porque trabalhar com circo, com teatro, não é profissão, tem que ter carteira assinada." Hoje em dia somos grandes amigos. Sou grande amigo da minha sogra, do padrasto dela. Nossa, é bem legal, a convivência é bem bacana. Respeitam o meu trabalho, o nosso trabalho, que a Viviane agora é uma atriz também. Teve que aprender na marra, começou na bilheteria e hoje já está atuando, e ela é uma ótima comediante. É difícil fazer papéis cômicos, e ela está se dando bem nisso.

Assim, ouvindo histórias, é possível compreender a dinâmica de afetos que caracteriza o trabalho do artista de reproduzir o circo enquanto reproduz a família do circo. Joana Afonso (2002) enfoca o parentesco em sua análise sobre esse aspecto central da organização do circo. Segundo essa autora, torna-se impossível distinguir relações de trabalho e relações familiares, "os próprios artistas têm consciência dessa promiscuidade e referem-na, atribuindo-lhe um peso negativo" (Afonso, 2002:96). A justaposição dos laços familiares e econômicos caracteriza a empresa circense, mas não observei esse peso negativo a que Joana Afonso se refere estudando famílias circenses em Portugal. Observei uma aguda consciência dessas relações de reprodução e uma percepção silenciosa dos limites da forma família como elemento estruturador das relações sociais — um elogio das pulsões, um riso sobre a desordem, uma abertura para novas formas de organização dos relacionamentos e para a incorporação do outro.

Uma concepção de família ampliada caracteriza as relações no terreno do circo. Os *trailers* se dispõem em semicírculo, atrás da lona do circo, onde estão o palco italiano e a plateia. Ali, a "casa" ambulante reúne as famílias associadas que têm relações entre si: casais com crianças pequenas recebem irmãos solteiros, os mais velhos — a matriarca e seu filho viúvo; casais homossexuais masculinos ou femininos auxiliam grandemente no cuidado com as crianças; empregados que não atuam no palco; a carreta do proprietário do circo e de sua família, anexa a um escritório; carretas de guarda-roupa e do contrarregra, em geral abrigando homens que deixaram suas cidades e seguem em viagem com o circo.

Nesse espaço vão se tecendo as relações. A proximidade — de uma vida íntima quase partilhada — e a discrição, como opostos complementares, caracterizam essa forma particular de família ampliada, assim como marcam os discursos de seus integrantes sobre a forma família. Insinuações, fofocas, cochichos, brincadeiras tecem uma dinâmica de visitação que marca os modos de narrar e os espaços de refletir sobre o tema da organização familiar.

## O drama da família

As relações com os moradores das cidades por onde passam as companhias circenses também influenciam a chave de incorporação de temas e questões locais. Tal prática estabelece um *modus operandi* do circo como máquina de atualização de sínteses dramáticas de nossa história. Ermínia Silva (1996), em artigo historiográfico, narra uma história do circo-teatro que localiza o modo de operar dessa tradição na fértil produção de peças que parodiam histórias já conhecidas de seu público. O circo-teatro pratica a paródia, adapta livremente histórias de sucesso. Filmes que circulam pelas salas de cinema do país são assistidos pelos artistas, que criam novas versões para o palco. A livre-apropriação e a reinvenção são as práticas mais utilizadas pelos circenses que transformam drama em sátira. Neste texto, busco tecer uma abordagem específica sobre esse modo particular de produzir e ao mesmo tempo aprofundar uma reflexão acerca de tais formas dramáticas populares.

Algumas análises nesse campo de estudos constroem uma teoria acerca da particularidade de nossa experiência brasileira, apresentando o universo privado como domínio de relações políticas, sugerindo a instituição familiar como *locus* da reprodução de uma ordem social fundada na experiência da formação patriarcal. Refiro-me aos trabalhos de Maria Isaura Pereira de Queiroz (1970), que, embora tenha tido papel marcante na elaboração de um campo de investigação sobre diferentes manifestações populares, teve seu trabalho ignorado pela geração seguinte no que diz respeito ao modo como o drama de circo revela as tensões sociais marcantes de nossa experiência histórica.

Neste estudo, observo uma companhia de circo-teatro que viaja, mais de um século depois, pela região descrita por Antonio Candido em *Parceiros do rio Bonito*. Vindo do interior do Paraná, o circo excursiona entre os municípios de Bauru, Botucatu e Sorocaba, no interior de São Paulo. Encenando valores que mobilizam a população da área, a companhia apresenta comédias que tratam dos temas da vida caipira e da ordem que se reproduz sobre a família como unidade social básica, resíduos resistentes que abrigam uma tensão. Ao estudar os temas do drama e da comédia circenses, é possível perceber o casamento como objeto de riso que mobiliza, pela catarse cômica, a purgação das tensões sociais vividas pela população das pequenas cidades interioranas. Essa dramaturgia foi extensamente estudada nas ciências sociais por Maria Lucia Montes (1983), José Guilherme Magnani (1984) e Marlyse Meyer (1991), para citar apenas os trabalhos produzidos no campo da antropologia. Há ainda toda uma produção recente, desta vez na história do teatro brasileiro, de Ermínia Silva (2007, 2010), Daniele Pimenta (2005) e Mario Bologñesi (2003).

O debate articulado ainda nos anos 1980 por Marlyse Meyer e Maria Lucia Montes situa nas heranças da literatura de folhetim importada da Europa a elaboração da dramaturgia do circo-teatro. Montes apreende o drama circense como uma representação de sociedade e poder, e analisa a dramaturgia e o *pathos* que a caracterizam: "um paradigma da expressão da afetividade, mais que um modelo de realidade", uma "manifestação popular de cultura". E acrescenta: "Em se tratando do mundo dos dominados, encontramos valores contraditórios, ambiguidades, espaço de sim e de não, ao mesmo tempo, lugar de imposição da dominação e da luta contra ela." A narrativa melodramática é entendida como paradigma da expressão de paixões e emoções por ela afirmadas, uma representação de sociedade e poder que revela um imaginário a ser compreendido.

O drama circense, tal como entendido por Maria Lucia Montes, é uma forma de teatro, de narrativa dramática, em que se representa uma situação extrema no terreno da moralidade, lugar onde, entre as forças conflitantes, se é obrigado a deliberar, julgar e escolher. Aqui não há como manter a isenção e a neutralidade, dada a exigência, derivada dos próprios parâmetros absolutos da narrativa em que o conflito se expressa, de uma adesão integral [Montes, 1983:319].

Segundo as interpretações produzidas durante os anos 1980, o circo-teatro encenaria, para seu público, histórias moralizantes. No entanto, no estudo da tradição do circo-teatro, considerar o riso uma questão implica entender o casamento como tema do drama e das comédias; o casamento é objeto de riso. Rir das representações de gênero, das piadas que brincam com o perigo, criticando o preconceito, ao reafirmá-lo, revela uma multiplicidade de pontos de referência no sujeito que ri. Purgar as tensões do casamento, ao expor a instituição social nas comédias com o palhaço, seria uma primeira observação; expor o adultério e a prostituição como fatos dos quais se ri, um segundo reconhecimento. Um terceiro sentido do riso passa por rir da representação em si mesma, revelando o intervalo do teatro, entre ator e personagem.

Visualiza-se um processo em que o drama vai sendo substituído pela comédia, numa dinâmica de reinvenção da tradição. A historiografia reconstrói, no estudo da formação do circo-teatro no Brasil, esse modo de operar na produção do repertório que estabelece diálogos com o teatro e os grandes meios de comunicação (Silva, 2007), o rádio nos anos 1920, o cinema nos anos 1950, a televisão nos 1990. Acompanhei a vida de uma companhia circense propondo o filme como meio de conhecê-la. Compreender a experiência vivida de artistas populares demanda o aprendizado de uma linguagem que é cheia de referências a textos e personagens, peças, filmes, músicas, figurinos. Estamos no universo do teatro, no qual atores e personagens se misturam, um fala pela boca do outro, indicando uma duplicidade, uma multiplicidade de lógicas que turvam a compreensão do primeiro olhar.

Aprender essa língua implica conhecer o imenso repertório do circo-teatro (companhias que viajam desde o fim do século XIX, apresentando uma peça diferente a cada noite, para públicos populares), que produz paródias dos dramas de grande público, apresentados na televisão, no teatro, cinema, rádio, café-concerto, teatro de revista. As formas variam conforme o contexto histórico, mas, no contato com os artistas circenses de diversas gerações, pude apreender uma prática que transforma e atualiza as narrativas compartilhadas entre os artistas e seu público.

A pesquisa etnográfica, nessa experiência, travestiu-se de pesquisa de linguagem partilhada com o grupo, o que se deu a partir de sucessivos *feedbacks* fílmicos, por meio dos quais fui compreendendo a importância concedida à revelação dos bastidores, à aproximação dos espaços de ensaio e apresentação, o interesse em desvelar a magia do circo. Da leitura das peças, fui construindo novas leituras sobre o circo. A compreensão pôde se ampliar quando a pesquisadora foi posta em cena para interagir com o palhaço. Além da representação de conteúdos, o palhaço que estudei brinca com o teatro, revelando-o.

## O casamento no drama de circo

A dramaturgia encenada pelo circo-teatro atualiza comédias clássicas como: *A mulher do Zebedeu*; *O Aparício*, *A mulher do defunto*, *O leiteiro*, *O louco do bairro*, entre muitas outras. Há sátiras de músicas e filmes como *Festa no apê* e *Rock mão boba*, *O lutador aloprado*. O filme recente *Tropa de Elite* é parodiado em *Tubinho, o capitão da Tropa de Elite*; outras paródias são *Homem Aranha 25* ou ainda *Tubinho a caminho das Índias* (neste último caso, trata-se da adaptação de uma comédia tradicional de circo, com referências a telenovela de grande público, da Rede Globo. Reapropriando-se, fazendo a inversão e afirmando o poder da paródia, do riso e da recriação, os circos brincam com o instituído e com as convenções.

As peças *O casamento* e *O divórcio* abrem e fecham as temporadas, respectivamente, reforçando a hipótese de que o circo opera a catarse dos valores associados à instituição da família. Um primeiro olhar sobre o drama e a comédia de circo revela histórias plenas de valores: a família como unidade social básica, o casamento como instituição em conflito (na peça *O Aparício apareceu*), o adultério masculino como objeto de riso (*A mulher do Zebedeu*), o adultério feminino como objeto de punição (*Ferro em brasa*). Tais valores são compartilhados pelo público das pequenas cidades do interior por onde viajam as companhias.

O circo, como empresa familiar, encena valores que dizem respeito a esse universo e situa as tensões da ordem social que se fundam na família.

A família circense, quando proprietária, revela-se através de uma constelação associada a um empreendimento artístico (pai, mãe, filhos, filhas, genros, noras, netos e netas), porém, guardando, nas relações de trabalho, o mesmo esquema de dominação presente na estrutura familiar — o pai e a mãe são também os patrões de seus filhos, genros ou noras, que a eles se submetem duplamente (como filhos e como assalariados). [Vargas, 1981:47-48 *apud* Bologñesi, 2003:51].

A literatura produzida recentemente sobre o circo-teatro brasileiro demonstra que:

a organização do trabalho circense e o processo de socialização/formação/aprendizagem formam um conjunto, são articulados e mutuamente dependentes. Seu papel como elemento constituinte do *circo-família* só pode ser adequadamente avaliado se este conjunto for considerado como a mais perfeita modalidade de adaptação entre um modo de vida e suas necessidades de manutenção. Não se trata apenas de organizar o trabalho de modo a produzir apenas o espetáculo — trata-se de produzir, de reproduzir o *circo-família* [Silva, 1996:13-14].

A performance dos atores que fazem personagens-tipo da comédia em suas funções dramáticas — o cômico (palhaço), a mocinha, o galã, o vilão e também o escada (o ator que prepara a piada para o palhaço), ou a comparsaria (os que fazem personagens menores e coletivos: o povo, os soldados etc.) —, ao tipificar, incorporando o grotesco na representação, apresenta uma ambiguidade que se mantém e é chave na compreensão do que acontece no circo.

Como nos ensina Mikhail Bakhtin (1999) em seu estudo sobre a obra de Rabelais, o método grotesco é continente de uma ambiguidade. Ele refere-se a uma experiência da praça pública e do carnaval que reproduzem a velha ordem, ao confrontá-la. Apresenta a metáfora de um corpo velho que guarda um feto, uma morte que abriga a nova vida. A centralidade das extremidades do corpo e do baixo material — boca, fezes, urina, falo — opera a política do grotesco. "O corpo procriador une-se ao tema e à sensação viva da imortalidade histórica do povo" (Bakhtin, 1999:xx). Assim faz o palhaço no circo, mobilizando o jocoso, com sua "fisicalidade grotesca" (Bologñesi, 2003).

Nas companhias de circo-teatro que tenho acompanhado, os dramas do repertório têm sua apresentação reduzida. Na consciência dos elencos, há a impressão de que "o drama não agrada" como a comédia. Em geral, de cada 12 apresentações, apenas uma é de drama tradicional; as outras, mesmo quando partem de textos dramáticos, incluem a figura do palhaço, transformando o drama em comédia. Pereira França Neto, o palhaço Tubinho, afirma esse processo quando introduz o cômico nas peças que apresenta em seu circo.

Segundo os artistas circenses, os dramas apresentados não recebem tanto público quanto as comédias. A despeito disso, a peça *Maconha, o veneno verde*, está sendo readaptada em diálogo pelo diretor de um grupo teatral paulistano.[1] Entre os dramas, *Meu filho, minha vida* comove as plateias; *A canção de Bernadete* e *O céu uniu dois corações* são dramas clássicos representados em todas as cidades, geralmente em datas religiosas. *O ébrio* foi incorporado há pouco pela companhia, depois de contato e aprendizagem com o ator Pedro Moreno, que trabalha em outra companhia, no interior do estado de Santa Catarina. Há um movimento vivo de recuperação de dramas tradicionais, e a adaptação para a cena repensa a forma e o conteúdo originais.

Em *O grande Rei Leão*, ser o pai é o desejo que mobiliza toda a saga do jovem filho. A peça é adaptada do desenho animado produzido pela Disney para o universo da família circense. A história implica a catarse dos valores que reproduzem o circo. A representação engaja toda a família e, por isso, mobiliza o sentimento de coesão. A peça trata da formação de um jovem que busca suas referências e reencontra o pai, no fim da jornada. Crianças, mulheres, homens, todos ensaiam muito compenetrados. As crianças brincam de cantar e dançar as cenas da peça nas quais se reafirma como o filho repete o caminho do pai — nesse caso, reproduzindo o circo no Brasil.

Entre as comédias tradicionais, *A mulher do Zebedeu* é uma entre as muitas que têm como tema o adultério. Vamos a ela: depois de faltar ao compromisso marcado com a amante, o palhaço recebe a visita dela em

---

[1] Em projeto desenvolvido com o apoio da Funarte, a companhia estudada convidou Fernando Neves (ator e diretor da Companhia Os Fofos Encenam, de São Paulo). Neves é descendente da família circense que manteve o Circo Arethuzza no início do século XX.

casa. Para disfarçar, Tubinho, que é casado, conta à família que a mulher é esposa de um amigo, Zebedeu. Quando a verdadeira esposa do amigo aparece procurando o marido, gera-se um mal-entendido e arma-se uma confusão para esconder o caso. As mulheres descobrem os feitos do protagonista e criam uma armadilha, para fazê-lo se enredar em sua própria mentira. A amante de Tubinho fica com outro, e a esposa de Zebedeu pune o marido. O palhaço, no entanto, escapa impune, pois a esposa não descobre seu erro.

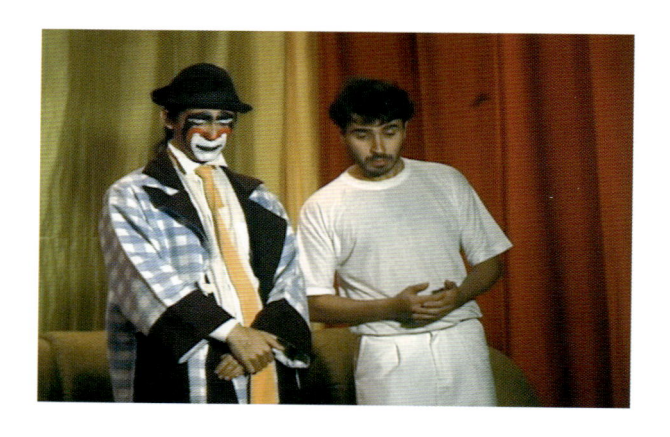

Na peça, o adultério é exposto à plateia, que ri das peripécias por que passa o palhaço quando tenta esconder o caso da esposa. A crítica ao casamento apresenta uma duplicidade: rimos das estruturas das quais participamos. O riso, segundo Henri Bergson (2004), é uma convulsão que opera o reconhecimento em cada ridente — reconhecemos o autômato em nós, a reproduzir laços e instituições. O público familiar dessas cidades do interior ri da desordem que reconhece. A comédia expõe a queda, o erro, e a paródia desarruma as partes, desloca-as e as atualiza. O riso no circo-teatro é múltiplo. O adultério como objeto risível abriga uma ambiguidade, é o riso sobre a queda moral da infidelidade conjugal, mas também a afirmação do desejo do homem. Na comédia é sempre o homem que trai. Contudo, estudar o circo é também analisar as relações no interior de uma forma de família muito específica, que se reproduz a partir do circo-família (Silva, 2007). Ao mobilizar o jocoso e o grotesco, o palhaço e sua companhia de artistas populares encenam o drama que traz, no seu conteúdo, tensões para a reprodução do modo de vida baseado na instituição família.

Em outro exemplo, a comédia *Aparício apareceu*, a necessidade de esconder da esposa o filho bastardo faz com que uma série de peripécias envolva o público, o qual conhece os fatos escondidos pelo marido. A sexualidade é evocada no circo como tema patético. As relações de gênero são expostas, pensadas, e sobretudo são objeto de riso. Bergson, em seu estudo sobre o riso, afirma que rimos daquilo que nos transforma em autômato, quando reproduzimos pelo hábito uma dada estrutura de comportamento. O riso é o remédio que vem corrigir esse erro.

Rimos por superioridade, quando reconhecemos a queda cotidiana em que estamos envolvidos. Mas o riso sobre o casamento abriga uma crítica. As pulsões sexuais são sempre afirmadas pelo palhaço. O *pathos* — por meio de identificação e empatia — é mobilizado quando a dramaturgia circense toca seu espectador e o faz rir. O distanciamento opera quando o riso acusa o erro do ator, que o palhaço não perde a chance de apontar, revelando o espaço entre ator e personagem. O afastamento ator-personagem é motivo de riso, desconstrói o drama.

A questão moral no drama encenado, e a verdade da cena que traz para o presente a relação ator/público, desvelando o jogo teatral, mantém a ambiguidade de um teatro que é dramático, ao purgar as tensões do casamento; ao mesmo tempo, contudo, opera com distanciamento, ao expor a presença do ator, o duplo e a metáfora do teatro. Ator é personagem — vive aquele universo moral —, reproduz família, relação com valores, relações com o público, e o público reproduz seus valores. Ao rir da família, ri-se com a família. É a família que ri de si mesma. e estabelece relações com a família do circo, admirando o nomadismo enraizado num universo moral compartilhado e em reconstrução.

A dramaturgia escrita por Benedito Silvério de Camargo — artista circense que, como dramaturgo, produz o repertório recente de uma série de companhias — propõe novos arranjos de gênero. O autor escreve para as companhias do Sul do país, com as quais tem laços de parentesco. As adaptações de *Escrava Isaura*, *Dona Flor e seus dois maridos*, entre muitas outras, incluem, ao longo do tempo, a figura do palhaço. *Tudo em cima da cama* é sucesso de público nas cidades por onde viajam as companhias. No enredo, marido e esposa apresentam ao público (nessa noite, excepcionalmente, para maiores de 18 anos) os bastidores do casamento. Na peça *Chá de panelas*, discutem-se as possibilidades da felicidade no casamento do ponto de vista de mulheres reunidas em um chá de panela, que comentam suas experiências. Nessa noite, no circo, entram apenas mulheres na plateia, e o público é convidado a participar, expondo suas opiniões durante a festa, que se torna real no teatro.

Na peça, a noiva reúne suas amigas para a despedida de solteira, situação em que as mulheres debatem suas perspectivas sobre o casamento: permanecer solteira *versus* casar-se, manter o casamento, mesmo sabendo que o marido tem casos extraconjugais, ou optar pelo homossexualismo. A peça expõe o casamento, e a plateia é convidada a participar do chá de panela expondo suas experiências e opiniões, bebendo. Num ritual coletivo, dissolve-se a fronteira palco-plateia, a catarse opera purgando as tensões do casamento. A dramaturgia de Silvério de Camargo apresenta o tema das relações conjugais como foco da comédia. Nela, o riso pune a manutenção do casamento a qualquer preço.

Estamos aqui no terreno da catarse, da identificação, do reconhecimento. Compreender seus efeitos é tema que mobiliza os debates entre arte e política desde os tempos antigos. Em *Chá de panelas*, incluem-se outros pontos de vista. Já não há mais a representação da família, a exemplo de textos mais antigos, como *Ferro em brasa*, mas, em seu lugar, as mulheres avaliam o casamento, riem dele. Afastando-se do cotidiano, encontram no circo-teatro o espaço para a crítica das relações instituídas.

Outras experiências fundamentam novos arranjos de gênero. As peças de Silvério são representadas inúmeras vezes e compõem o repertório de sucesso que a companhia apresenta. Comentando a peça *Chá de panelas*, o dramaturgo, que nos recebeu em sua casa em São Mateus do Sul, interior do Paraná, comentou o modo como as companhias têm apresentado a peça, e insistiu: "*Chá de panelas* tem que passar para a mulher que o casamento é uma constituição [sic] falida." Encontramos ecos dessa concepção em outras falas. Leozinha, artista transexual que trabalha no circo, comenta suas experiências afetivas em relação ao casamento:

> Não quero viver uma história como essa nunca mais. Pra mim, foi uma tragédia. Sofri muito na mão dele. Foi um horror! Ele me tratava tão mal. Ele queria tomar posse. Dizia: "Você é minha, minha. Se nos separarmos você não vai ser de mais ninguém". Ele me ameaçou até de morte. Foi um horror, menina! Foi um bafo, mesmo!

A recusa do amor possessivo, ciumento, nos leva para um momento distante daquele da peça *Ferro em brasa* — que justificava a lógica dos crimes de honra.

No circo, ri-se, entre outras coisas, da exposição da situação do ator que o palhaço evidencia. Walter Benjamin (1994) afirma que são estes também os meios da criação do distanciamento. No circo-teatro, o palhaço revela seu caráter cômico à medida que expõe o teatro ao espectador, isto é, que revela os mecanismos da representação. Estamos "entre o mostrado e aquele que mostra" (Benjamin, 1994:88). A máxima brechtiana, "Quem mostra deve ser mostrado", opera de modo vigoroso no circo.

O fenômeno do teatro envolve essa dimensão do dar a ver, e apresentar é sempre uma relação com o espectador. "O público vai ao teatro para ver o ator jogar, para ver o jogo" (Guénoun, 2004). O intervalo da representação — quando o homem que vemos em cena é ator e personagem, simultaneamente — é evidenciado na performance do palhaço, quando ele desconstrói a quarta parede e relaciona-se diretamente com a plateia. Essa metáfora fascina e envolve o público do teatro. Não se trata mais de representar, figurativa ou simbolicamente, na moldura de uma ação, mas de permitir a existência de uma relação direta entre atores e público (Roubine, 1998:115).

Um diálogo com o campo teatral, na obra da crítica literária e dramaturga Helène Cixous (Cixous e Cohen, 1974), ilumina esse debate ao afirmar que o personagem — pessoa, máscara ou papel — personifica a função do ser. Com a noção polissêmica de *personne*, elas definem o personagem como alguém-ninguém. Sem a pretensão de fixar um só ponto de vista, as autoras afirmam a existência de sujeitos (no plural) de texto. A ação de construção de sentido também se dá na experiência do espectador. É a noção de "intensidade" que elas buscam definir para lidar com a tempestade de afetos que desconcerta, despersonaliza o sujeito. Como na música, movimentos e ritmos diferentes não são problemas, posto que não buscamos um processo único de identificação. "Eu é mais que um", dizem Cixous e Cohen (1974:389).

O teatro, entendido como espaço ritual nas sociedades complexas, atua como bode expiatório, e produz-se como veneno-remédio; espaço possível para permanecer à margem da ordem social criando um lugar olhado das coisas. Poderíamos reapresentar aqui a pergunta formulada nos anos 1980 por Maria Lucia Montes (1983): "Pode a emoção ensinar obediência política?" Mas, ao tentar fazer uma pesquisa que se afasta dos julgamentos morais, o que apreendo no circo é o processo de desconstrução da representação presente na performance do palhaço.

O trabalho sobre os estereótipos é algo que as companhias realizam, trazendo à cena os valores socialmente compartilhados. Identificação e estranhamento operam neste momento simultaneamente, quando o riso é mobilizado por ver no palco o incorreto, o não aceito, o recalcado. Inspirada nos personagens das comédias, pude articular um diálogo entre as companhia de circo-teatro e a reflexão dos atores e atrizes sobre suas próprias vidas, e sobre o tema do casamento. O riso opera por reconhecimento, identificação ou afastamento. Uma questão de método importante é a manutenção de uma dúvida cética em relação às certezas e verdades prévias à experiência. Assim, entre modelos dominantes e suas inversões risíveis, nos afastamos do estereótipo (como linguagem do preconceito). Famílias que habitam pequenas cidades interioranas riem das tensões do casamento, e esse riso purga, critica e cria distanciamento. Mas, para além de todos os conteúdos com os quais lidamos nessa pesquisa, há também uma questão importante de forma.

A análise da cena, para além da análise do texto, nos permite afirmar a potência do jogo cênico. No circo, o lugar do teatro como jogo é realçado. Esse fato faz da referência ao espaço da representação um motivo de riso. O circo realiza o metateatro. Ali se afirma o jogo no fazer compartilhado entre atores e espectadores, que compartilham o jogo cênico. Assim, o circo toma licença para reinventar o texto em cena, adaptando, transformando as histórias originais ao longo da representação.

*A maldição do lobisomem* foi uma comédia que a companhia selecionou, em seu repertório, para ser apresentada em São Paulo aos sábados, à meia-noite, durante o mês de março de 2010, por convite do grupo Parlapatões, Patifes e Paspalhões. Nela, o elenco da companhia circense constrói o drama de um jovem noivo, ferido pelo lobisomem, que será desmascarado pelo palhaço. O texto brinca com as unidades de tempo e espaço, construindo um passado no palco, que é desconstruído pelo palhaço. Mas, a partir dessa pista fornecida pelo texto — a desconstrução da unidade de tempo do drama pelo cômico —, o palhaço desconstrói o próprio teatro.

É importante mencionar que, nesse diálogo com os grupos de teatro que desenvolvem a linguagem do palhaço, também ocorre um movimento de incorporação do circo pelo teatro contemporâneo. Como nas apresentações no Espaço Parlapatões, o que se deu foi um momento intenso de troca entre a companhia tradicional de circo-teatro e o chamado teatro de grupo paulistano. O público, que lotou a primeira apresentação, era composto por atores e atrizes dos grupos de teatro que trabalham com a linguagem do palhaço. Parlapatões, Os Fofos Encenam, Pia Fraus etc. O circo, aqui, ensina o teatro a desconstruir o drama, a ficar apenas com o elemento de potência e afeto da representação, a presença.

Tubinho traz à cena o jogo do teatro, a brincadeira com a fábula, revelando sua construção; evidencia o erro dos atores, ri de verdade no palco, na condição de ator que interage com seu companheiro, revela a força e a fragilidade do instante em que se dá a representação. Ele faz referências aos meios de comunicação de massa, invade o teatro com a publicidade e com a TV, desconstrói os meios de comunicação, desrespeita as fronteiras das artes, revelando o jogo da representação. Na análise desse episódio, noto que "no teatro hoje só resta o jogo dos atores", "o jogo que não se apaga sob seus efeitos de figura". Os atores mostram hoje que estão representando. Contudo, o que se desnuda assim não é a pessoa do ator, sua identidade plena, seu ser de antes (ou de fora) da representação: é seu jogo" (Guénoun, 2004:132).

O teatro encenado pela companhia Circo de Teatro Tubinho apresenta-nos uma fábula simples, com figuras-personagens grotescas — a irmã muda da mocinha, o velho pai com sua peruca branca, o investigador manco, o soldado gago. Os personagens-tipo já são a denúncia da representação pelo seu excesso. As caricaturas fazem rir somente pela presença física, causam estranhamento. Todas as figuras mantêm a narrativa da fábula, mas o palhaço quebra o espaço da representação denunciando-o, revelando-o. O elenco experiente sabe que o jogo é este, e retoma a fábula já revelada enquanto tal. Como diz o ator que encarna o palhaço Tubinho, o teatro se mantém somente com um elenco pronto para retomar a história e trazer o espectador de volta do riso.

É assim, então, que aprendemos com o palhaço o modo como opera o circo em relação ao universo de valores presente no repertório circense. Purgando as tensões do casamento com o riso, a catarse cômica mostra os limites da instituição, quando afirma as pulsões, o desejo, a possibilidade de transgressão do interdito. Construindo um distanciamento em relação aos valores presentes na dramaturgia encenada, os artistas circenses afirmam o instantâneo de cada relação, quando reiterar a potência da presença do ator em cena, na relação com o seu público, a cada noite.

Compreender essa dinâmica — que passa pelo aprendizado da inversão e da paródia — sobre o tema da comédia que é o casamento nos dá pistas para entender o riso que afirma e critica, de modo ambíguo, como faz o grotesco. A experiência de realização do filme etnográfico foi um grande aprendizado que nos ensinou a possibilidade de ver a pesquisa etnográfica como pesquisa de linguagem, mediada pelas linguagens do outro. Nesse percurso, aprendemos a operar como faz o circo: purgar, perceber, jogar, como no teatro. Para além da representação dos valores ou da apresentação do *pathos*, a catarse cômica constrói uma dinâmica de afetos que são vividos e relativizados, postos em questão pela família circense quando se encontra com o seu público.

## Referências bibliográficas

AFONSO, Joana. *Os circos não existem*: família e trabalho no meio circense. Lisboa: Imprensa de Ciências Sociais, 23, ICS, 2002.

BAKHTIN, Mikhail. *A cultura popular na Idade Média e no Renascimento*: o contexto de François Rabelais. São Paulo: Hucitec/UnB, 1999.

BENJAMIN, Walter. Que é o teatro épico? Um estudo sobre Brecht. In *Magia e técnica, arte e política*. Obras escolhidas. São Paulo: Brasiliense, 1994.

BERGSON, Henri. *O riso*: ensaio sobre a significação da comicidade. São Paulo: Martins Fontes, 2004.

BOLOGÑESI, Mario. *Palhaços*. São Paulo: Unesp, 2003.

CIXOUS, Hélène; COHEN, Keith. The character of ´character`. *New Literary History*, The John Hopkins University Press, v. 5 n. 2, 1974.

GUÉNOUN, Denis. *O teatro é necessário?* São Paulo: Perspectiva, 2004.

MAGNANI, José Guilherme C. *Festa no pedaço*: cultura popular e lazer na cidade. São Paulo: Brasiliense, 1984.

MEYER, Marlyse. *Folhetim*. São Paulo: Companhia das Letras, 1996.

_____. *Pirinus, caiçaras da comédia Dell'Arte ao bumba meu-boi*. Campinas: Unicamp, 1991.

MONTES, Maria Lucia. *Lazer e ideologia*. São Paulo, Tese Doutotrado em Ciências Sociais – USP, 1983.

PIMENTA, Daniele. *Circo e poesia*: a vida do autor de *E o céu uniu dois corações*. São Paulo: Imprensa Oficial do Estado/Cultura/Fundação Padre Anchieta, 2005.

QUEIROZ, Maria Isaura Pereira de. *O mandonismo local na vida política do Brasil*. São Paulo: Instituto de Estudos Brasileiros/USP, 1970.

ROUBINE, Jean-Jacques. *A linguagem da encenação teatral*. Rio de Janeiro: Zahar, 1998.

SILVA, Ermínia. *O circo*: sua arte, seus saberes. O circo no Brasil, de final do século XIX a meados do XX. Dissertação Mestrado. Departamento de História, Campinas – Unicamp, 1996.

_____. *Circo-teatro*: Benjamin de Oliveira e a teatralidade circense no Brasil. São Paulo: Altana, 2007.

_____. *Respeitável público*: o circo em cena. Rio de Janeiro: Funarte, 2010.

# Distância afetiva e silêncio imagético: a ausência das "aliadas" nas fotografias de noras e sogras

Gleice Mattos Luz

> "É mais fácil ver disco voador do que fotografia da sogra na carteira."
> Anedotário popular

As fotografias de família registram e perpetuam a biografia familiar. Configuram-se como um projeto de memória que insere os indivíduos numa trajetória histórica específica. Os instantes congelados e organizados nos álbuns de família e os filmes produzidos por ela reiteram valores sociais que dão sentido ao grupo e garantem às gerações seguintes o conhecimento de sua ascendência, reforçando a identidade e o sentimento de pertencimento familiar. Elas também superam o tempo linear e perpetuam o que se perderia no cotidiano, congelado na imagem.

A produção imagética da família, realizada por ela e para ela, é composta por imagens e memórias individuais, faz parte da história coletiva daquele grupo social em que os indivíduos estão unidos por laços parentais. Embora possa trazer a perspectiva do olhar de quem a capturou, ela não é individual, uma vez que se refere ao grupo, sendo, portanto, carregada de significados.

As fotografias e os álbuns de família de algumas noras e sogras entrevistadas revelaram silêncios imagéticos, os quais constituíram o alvo de investigação da pesquisa de doutorado que deu origem a este texto (Luz, 2010). Às relevantes informações obtidas a partir da análise das imagens somam-se as narrativas das entrevistadas, que rememoram histórias de família ao revisitar seus álbuns. Pelos depoimentos, foi possível recuperar as representações em jogo no contexto do parentesco por aliança, pois, como observa Clarice Peixoto (2008), "a memória se refere ao passado de forma afetiva, já que, para lembrar o que passou, é preciso tê-lo vivido".

Interessou-me, durante a pesquisa, a "ausência" ou a "pouca presença" das noras e sogras nas fotografias de suas respectivas aliadas. Qual o significado desse silêncio imagético? Estaria relacionado à qualidade da relação desse parentesco por aliança? E, quando retratadas, que representações a respeito das relações familiares surgem em torno dessas poucas imagens? Estas são algumas questões que busquei compreender e apresento aqui.

## A fotografia como um registro intencional

A fotografia de família segue uma lógica ritual autônoma, produzindo "imagens necessárias a fins privados [...], para documentar um acontecimento da vida cotidiana" (Maresca, 2003:205). Sendo assim, as imagens de família têm objetivos intencionalmente definidos e reúnem cenas que registram e perpetuam momentos para se rememorar no futuro, sempre alegres e enaltecedores de uma suposta harmonia familiar. Raramente são registradas e perpetuadas cenas de momentos difíceis da família: brigas, discussões ou intimidades.[1] As fotos e os filmes fixam em imagem a felicidade familiar que se quer transmitir. Essas imagens reforçam a ideia de que a família é o lugar onde os indivíduos se abrigam das contingências

---

[1] Salvo nos casos assinalados por Sylvain Maresca (2003:210), em que artistas plásticos focalizam mais o registro da arte que da informação (2003:210) e expõem imagens de sua vida privada nas galerias de arte. São cenas da intimidade familiar que jamais seriam reveladas ou produzidas se o objetivo não fosse o de conferir autenticidade a uma obra de arte contemporânea, ou seja, determinar sua finalidade artística. As imagens apresentam a intimidade erótica, a nudez, a morte, as brigas.

desfavoráveis da existência e se auxiliam mutuamente. Nesse sentido, elas cumprem um papel importante,

> Porque não é das ausências, nem das brigas e contradições que permeiam o seu cotidiano, que ela deve falar, e sim de um elo mais permanente e mais profundo, que, subjacente àquelas relações, dá significado e consistência àquele grupo: os laços de sangue e afeto, os sentimentos de solidariedade e pertencimento que os une e a partir dos quais se identificam, diante de si mesmos e dos outros, como uma família feliz [Lins de Barros e Strozenberg, 1992:22].

Trata-se de imagens "de" família, e não "sobre" a família, como chamou atenção Clarice Peixoto (2008), e elas contêm uma riqueza de significados e informações. No entanto, as imagens de família

> [...] não mostram a vida pública, a trajetória pessoal ou o mundo do trabalho de seus membros (ou apenas de um deles), pois registram em imagens os momentos comuns e os lugares coletivos dos encontros e reuniões familiares. Os espaços mais íntimos da casa (quartos e banheiros) e seus usos (exceto as atividades infantis: o banho e o sono) também são raramente filmados [ou fotografados] [Peixoto, 2008:4].

O ato de fotografar e colecionar as imagens de família, compondo álbuns, atesta a importância dedicada à memória familiar. Ainda que, na contemporaneidade, as fotografias e os álbuns digitais, em sua irredutibilidade quantitativa, tenham favorecido o registro da pluralidade de pertencimentos, as fotos de família marcam a identidade primeira nas vivências e lembranças do passado, de lugares, da parentela e de eventos familiares. Conforme apontam Myriam Lins de Barros e Ilana Strozenberg (1992:45), as fotografias de família são, assim, "um signo distintivo em relação a outros grupos, estabelecendo os limites externos da família".

Os instantes fixados, nesse sentido, cumprem uma das finalidades da fotografia no âmbito da família: reforçar a genealogia identificada nas imagens revisitadas *a posteriori*, pois o que se vê são "as minhas origens", "de onde eu vim", "meus avós, meus pais e meus tios". É através da fotografia de família que

> a história para quase todos se inicia com essas fotos de desconhecidos e conhecidos, e com as idiossincrasias de cada um, conduzindo à identidade dos leitores das fotos. Ao fixar instantes, garante-se a permanência de condições consideradas "inesquecíveis", [...] momentos da solidariedade familial em que os indivíduos se transformam em seus papéis sociais — a noiva, a mãe, os filhos, os netos —, e as situações se conformam às convenções artísticas e expressivas da ideologia familiar [Moreira Leite, 2005:38].

Portanto, as fotografias e os filmes de família evocam narrativas do passado que, muitas vezes, abrem espaço para uma reflexão sobre o presente e as relações familiares. As fotografias ou vídeos produzem efeitos nos indivíduos tanto no momento de sua realização quanto no de seu "visionamento" (Odin, 2003), e revelam as lembranças do passado. Essas reações ocorrem a partir da rememoração de situações que a imagem pode disparar.

Eugênio Bucci discorda do valor documental da fotografia, que a insere na escala do tempo. A temporalidade, para este autor, é subjetiva e vai além do constructo linear e intangível que a entende como passado, presente e futuro. Para ele, a fotografia de família tem uma temporalidade própria, "não linear" e "afetiva". Assim, ao vivificar o passado, as fotos se "expandem no presente", na medida em que geram emoções no presente; "o relato que está inscrito no álbum de família não se tece de pretéritos, mas de presentes. Eles constituem a presença que eu sou" (Bucci, 2008:75).

Nesta pesquisa, as conversas em torno de fotografias e álbuns de família trouxeram à tona as reminiscências de uma época, sinal de que os acervos fotográficos legam à posteridade temporalidades diferentes da cena doméstica. Revisitar essas produções imagéticas abriu espaço à nostalgia, às lembranças carregadas de emoção, fossem elas boas ou ruins. Como chama atenção Miriam Moreira Leite, "ao examinar uma fotografia, cada observador acaba sempre relacionando-se consigo, procurando discernir em si mesmo, o que talvez não percebesse sem a visão daquela imagem" (Moreira Leite, 2005:39). Assim, Luzia (funcionária pública, 57 anos), uma das entrevistadas, deixa escapar:

Quando eu estava fazendo a seleção das fotos [para mostrar na pesquisa], a gente revive! Muito interessante! Aí eu vejo o Roberto aqui bebê [cuja mulher é a nora de Luzia]. Eu queria ter pego uma [foto] minha, grávida dele! [...] Olha como eu estava bem mais magra! Isso foi no primeiro apartamento que eu comprei depois que me estruturei. A gente estava morando lá de pouco, ainda estava casada... Olha eu magra!

As fotografias também mostraram sutilezas de relações sociais menos harmoniosas, traduzidas nos discursos em torno de situações tensas reveladas na revisita dos acervos fotográficos das famílias, entre as quais os problemas nas relações entre noras e sogras tiveram importante destaque. Fabíola (estudante de Turismo, 31 anos) se regozijava com as fotos do filho ainda bebê, observando que "o tempo passa". A rememoração da fase da infância do filho trouxe à tona a relação da criança com os demais membros da família. O modo como o filho se referia aos familiares e a participação das avós na vida dele foram um tema recorrente nos relatos de Fabíola. Um fato ocorrido com sua sogra durante a festa de quatro anos do filho foi evocado no momento em que ela observava as fotos do aniversário, já anunciando que a sogra teve dificuldade para aceitar a vida madura do filho, motivo de toda tensão entre elas. Segundo Fabíola, "ela [a sogra] chorou no aniversário dele porque fizeram uma brincadeira, e o animador colocou o Maurício [o filho/marido] como mulher banana, dançando. Ela chorou dizendo que o filho dela não era banana. [...] Ela queria acabar com a festa. Seguraram ela e tudo".

As memórias em imagem, segundo Clarice Peixoto, incitam as pessoas a discorrer sobre as imagens projetadas e/ou revisitadas nas fotografias, pois, nelas, o que se vê é a "imagem do Outro" e a "imagem de si". Logo, recuperá-las é retomar registros cognitivos nem sempre articulados no dia a dia (Peixoto, 2001:175). O ato de rever os álbuns e fotografias traz à tona histórias das relações familiares; ainda que o "Outro" não esteja representado na imagem, essa lembrança está presente.

Fotografias e filmes de família, como fiadores da história familiar, trazem como temas cerimônias, festas, crescimento das crianças, cotidiano, animais domésticos, e são, na família contemporânea, imagens vinculadas ao afetivo. O que menos importa nas fotos espontâneas são as poses e as aparências, e mais a emoção do momento que se pretende transmitir. Ao legitimar os laços de família, as fotografias preservam a memória familiar. Irène Jonas (1996) observa, entretanto, que há um padrão e um modelo estético e social definindo o que deve ou não ser registrado. Para reforçar a integração do grupo familiar, ficam evidentes os momentos alegres, os laços que unem os indivíduos, e são descartadas as intercorrências da vida.

A seleção em torno do que fotografar é uma maneira de controlar a memória visual que se quer resguardar e transmitir, "silenciando-se imageticamente [...] os conflitos, hostilidades, divisões, atritos, tristezas, desvios e desviantes do grupo fotografado. [...] o invisível que está por trás do visível" (Águeda, 2008:142). Portanto, as fotografias são ao mesmo tempo testemunhas (verdades) e representações (mentiras) de uma realidade, e servem como meio-termo entre a realidade de fato e a realidade que se deseja. Assim, acabam "permitindo a construção de representações que se alinham aos interesses e às visões de mundo dos membros do grupo familiar" (Águeda:147). Luzia, ao mostrar a fotografia tirada com a nora no dia de seu aniversário, comenta: "Aí a gente ainda era amiguinha."

Luzia, à direita, com a nora, nas bodas de casamento de uma amiga de Luzia (2008).

Sogra e nora na comemoração do aniversário de um amigo do filho/marido (2008).

E prossegue o relato: "[...] eu e ela, nós não temos amizade. A amizade que poderia ter sido travada foi por conta do casamento, eu percebi que ela estava sendo minha amiga, mas foi por interesse, depois que passou, ela voltou a agir como sempre agiu".

Porém, a foto da nora abraçada à sogra está lá, congelando a ação no sentimento que se gostaria de perpetuar, o qual se traduz na intenção da sogra, quando ela afirma: "Eu gostaria que tivesse dado certo, você vai vendo as fotos do casamento, você não investe no que não acredita, e eu gastei muito dinheiro no casamento do Roberto". Jonas (1996:107) observa que:

> No momento em que a qualidade relacional (fotógrafo/fotografado) se torna uma exigência, [...] a pose é vivida como um dispositivo que pode dar aos próximos uma ideia falsa daquilo que se vive nos relacionamentos. A vontade de fixar o "vivo" se inscreve num contexto familiar onde doravante se atribui uma enorme importância aos sentimentos.

Luzia se esforçou para crer na construção de um relacionamento amigável com a nora, ao menos quando preparavam a cerimônia de casamento. Não por acaso, as imagens demonstram expressões espontâneas de alegria, dando ideia de coesão familiar. Porém, os problemas latentes entre nora e sogra não tardaram a aparecer tempos depois do rito e da festa. Luzia, ao ver as fotos do casamento, comenta:

> Quando eu vi era uma megafesta, a coisa foi tomando proporções, mas ficou muito bonita! Ele disse: "Mamãe, pelo amor de Deus, não volta atrás, não!" Eu queria fazer a vontade dele. E eu dizia para ela: "Vem cá, mas não foi isso que a gente combinou!" Mas ela é assim. Ele hoje em dia fica meio frustrado porque queria que o casamento tivesse dado certo! Antes da cerimônia, eles já estavam morando juntos. Eles casaram no dia 3 de setembro e um ano depois se separaram, e ele deu entrada lá em casa com o casamento acabado.

Outros comentários:

"Olha ele e eu aí entrando na igreja" (Niterói, 2008).

"Ela e o pai não se dão muito bem. Eu acho que o Roberto tem meio que uma história de pai com ela, eu acho que ele dá a ela uma coisa que ela não teve" (2008).

"Engraçado que eu observei em relação à família, você percebe como ela é gorda! Ela parece meio que o patinho feio da família. Ela é diferente, ela tem um processo meio de exclusão, ela é a única filha que não é batizada."

"Meu filho é bonito! Sou mãe coruja!"

As fotografias do casamento do filho de Luzia corroboram o discurso imagético da coesão entre os grupos familiares dos noivos como testemunha do surgimento de uma nova família conjugal. A memória coletiva é, então, garantida e perpetuada por essas imagens. Vale destacar o tom cerimonial dos retratos de casamento, que têm, ainda, os mesmos padrões das fotografias de casamento do século XIX, legitimando a "dignidade do grupo familial" (Moreira Leite, 2005:37) e indicando que alguns estatutos permanecem, apesar das inúmeras mudanças ocorridas na família contemporânea e nas suas imagens.

O que se agrega ao lado das fotografias formais dessa cerimônia na família contemporânea são as imagens fixas e/ou em movimento das brincadeiras e danças. Os momentos de descontração das festas de casamento, menos registrados no passado, agora se fazem mais presentes. Luzia tece os seguintes comentários sobre as fotos:

"Olha como eles estavam felizes!"

As festas e comemorações são momentos de sociabilidade do grupo familiar, nos quais as tradições da família são reificadas e transmitidas às novas gerações, e o sentimento de pertencimento é reforçado. As imagens produzidas nesses contextos festivos têm o objetivo de documentar essas ações, numa prova de que,

> atrás da objetiva, um olhar humano, mais ou menos consciente, mas nunca ingênuo, porque dotado de intenção e desejo, escolhe e delibera o que e como fotografar. [...] Neutra em si mesma, a técnica de capturar reflexos é, na prática, um instrumento. Nas mãos de quem manipula, a câmera é um recurso de linguagem através do qual alguém elabora uma interpretação do real, atribuindo-lhes significados, que irá materializar na imagem. Assim, ao espelhar o mundo, o fotógrafo, no mesmo movimento, o reduplica e reproduz [Lins de Barros e Strozenberg, 1992:20].

## Ausências subjetivas: onde estão as noras e as sogras?

Miriam Moreira Leite, ao reler Proust, analisa as metáforas fotográficas que o romancista utiliza para dar conta de sua relação com o mundo, abrindo espaço para a análise sobre as relações sociais e as mudanças nas formas de comunicação ao longo do tempo, sobretudo na ligação entre imagem e memória. As metáforas fotográficas constroem narrativas para explicar "fenômenos invisíveis" que "prescindem de palavras". Mas é na inquietação suscitada pela lembrança da avó retratada num fotograma que Proust reflete sobre as relações familiares, num movimento que se desloca do semiesquecimento para a lembrança viva, tudo promovido pela fotografia e seu processo de rememoração das situações vividas. Segundo a autora, Proust faz a passagem do visível para o invisível, recuperando o debate proposto por Merleau-Ponty, sobre se a imagem poderia ser velada pelo esquecimento ou revelar novas lembranças. "Como no processo fotográfico, os processos psicológico e social das personagens fluem das imagens visíveis e nítidas dos seres em movimento constante para as imagens amareladas ou ocultas pelo esquecimento e a morte" (Moreira Leite, 2001:48).

Nessa perspectiva, a imagem é capaz de eternizar a lembrança daquela ausência *in memoriam*. Há, porém, outra ausência que a fotografia é capaz de revelar: aquela da "não" presença. São os ausentes da realidade viva que não constam nos álbuns e nas fotografias de família. Se as fotos selecionadas para figurar nos álbuns revelam os sentimentos e as emoções dos laços familiares que elas reproduzem, as ausências, as fotos rejeitadas, aquelas "indignas de serem apresentadas", revelam as relações deterioradas e que não devem ser incluídas no acervo familiar, uma vez que fogem ao objetivo primeiro de transmitir o que Irène Jonas (1996:107) chama de "a boa saúde afetiva" da parentela, uma exigência da família contemporânea para seu legado imagético.

A questão que pretendo abordar aqui não é tanto a análise da ausência física daqueles que partiram definitivamente e ainda figuram nos álbuns, mas, principalmente, entender a ausência de imagens daqueles que fazem parte do grupo familiar. Nesse caso, trata-se de avaliar as questões da rejeição da imagem de noras e sogras, mesmo que os atos de deixar de fotografar e não incluir nos álbuns de família não sejam conscientes. Maria Letícia Ferreira (1996), em sua pesquisa sobre os acervos fotográficos dos residentes de uma casa de repouso no Rio Grande do Sul, analisa representações e significados dos papéis sociais e valores que estruturam a vida de seus entrevistados utilizando as fotografias de família como instrumento metodológico. A autora observou que, dentre as fotografias expostas nas paredes e sobre os móveis, as mais recorrentes eram as de casamentos e dos entes queridos. No entanto, no universo pesquisado, percebeu que havia também fotografias resguardadas do olhar dos outros, as quais, por serem "carregadas de emotividade", não se desejava rememorar. Como assinala a autora,

> O fato de transportar as imagens para o domínio do olhar está associado à propriedade que a fotografia tem, enquanto representação do referente e o elo simbólico de duas temporalidades, de evocar uma memória de sentimentos e emoções e de exacerbar as imagens do presente em contraposição com aquelas do passado [Ferreira,1996:118].

Algumas imagens são difíceis de ser revisitadas. Evitá-las é uma estratégia para abafar as lembranças das ausências, já que rever uma imagem pode gerar mais tristezas que boas memórias. A saudade, que se origina da distância física ou geográfica de um ente querido ou da lembrança dos bons momentos vividos no âmbito familiar, é posta em suspenso quando a imagem não obriga a reviver situações e momentos indesejáveis. Assim, as fotografias ficam guardadas, embora estejam prontas para ser resgatadas diante do desejo de superar os efeitos negativos que elas possam causar.

A motivação para a ausência de fotografias de noras e sogras em seus respectivos álbuns também é esse desejo de evitar lembranças negativas de relações mais tensas. Em casos extremos de conflitos severos e rupturas, a fotografia do parente por aliança sequer é conservada, os indivíduos não tardam em eliminá-la de seus acervos assim como "eliminaram" o parente de seu convívio. Luzia faz o seguinte comentário, ao rever as fotografias do casamento do filho:

> Eu estou passando isso aqui com você [as fotos digitais arquivadas na memória do computador], mas eu estou bem! Estou tranquila! Achei que ia ficar mais emocionada! [...] Aquela [fotografia] que eu te falei que estamos eu e ela no rostinho assim [juntas], eu "deletei", mas na realidade eu "deletei" do Orkut. Eu fiquei surpresa em ver aqui. Eu achei que tivesse "deletado" de vez.

Bárbara Copque,[2] em sua pesquisa sobre menores de rua e fotografia, demonstra que a família é a última a ser retratada no conjunto de imagens produzidas pelos meninos, já que eles estão "mais próximos das organizações que parecem preencher as atribuições desta [família]". De todo modo, as fotografias revelam o distanciamento daqueles atores sociais com a parentela, que decorre de situações de conflito familiar. Quando a família aparece, é aquela com quem se tem maior proximidade. Nesse sentido, a imagem fotográfica segundo a antropóloga,

> permite-nos descobrir informações que visualmente não se encontram na fotografia, mas que por elas são veiculadas. E, devido às suas particularidades — produzir sentidos, provocar no outro uma atitude interpretativa e, assim, promover diálogos —, a fotografia apresenta-se [...] como um valioso meio de incitar o discurso e analisar representações, sobretudo, nos espaços onde a antropologia pode encontrar limites, como no caso [...] em que a rua se impôs como um obstáculo ao diálogo, e o silêncio encontra-se em temas como a família [Copque, 2003:277].

De todo modo, as "ausências" ou a "pequena presença" das noras e sogras nas fotografias de família são uma "presença silenciosa" no plano das subjetividades. Só por meio de relatos é possível resgatar os efeitos da real presença de umas e de outras em suas relações parentais.

---

[2] Para compreender como esses atores sociais interpretam e problematizam suas práticas e valores, ver Copque (2003).

As fotografias que Fabíola fez da festa de aniversário do filho demonstram que sua sogra não foi fotografada.³ As demais sogras e noras entrevistadas na pesquisa também possuem poucas fotografias juntas e não há praticamente registro da sua parentela por aliança. Esses "silêncios fotográficos" nem sempre são intencionais, embora as entrevistadas tenham expressado com clareza os motivos dos conflitos e tensões com as parentes afins. Elas revelaram surpresa ao constatar sua ausência nas fotografias. Estas ausências indicam, portanto, que, na família contemporânea, a fotografia reflete a "obrigatoriedade do afeto",⁴ sendo a representação do ideal de escolha sobre quem irá efetivamente figurar nos álbuns, ao realizar o desejo de estar mais perto de uns que de outros.

O oposto expressa o desejo de congelar e manter a continuidade das relações estabelecidas ao longo da existência. Não por acaso, as pessoas mais importantes na rede de relações são as mais fotografadas e lembradas com afeto. Entre as fotos fixadas no papel e as digitais, selecionadas por Luzia, destacam-se aquelas das amigas da época em que cursava o ginásio e que até hoje permanecem presentes. As histórias sobre a vida das amigas, os casamentos desfeitos e refeitos foram citados com uma euforia não observada nos comentários das fotografias do casamento do filho e das que tirou com a nora — salvo os comentários jocosos.

Nas fotografias das mulheres entrevistadas, figuram os amigos mais íntimos, os parentes consanguíneos, o cotidiano e os eventos em torno das crianças, sempre numa rede de sociabilidade mais restrita. A média de fotografias de noras e sogras em seus respectivos álbuns era de quatro em cada 100 fotos. Talvez este fato seja um indício do distanciamento afetivo ou de um esvaziamento das relações entre elas. Sendo assim, a fotografia

---

³ A festa de aniversário foi um evento para 100 pessoas, com contratação de bufê, animadores e decoração. Fabíola, no entanto, não contratou fotógrafo, os registros da festa foram feitos por ela e por amigos da família.
⁴ Agradeço a observação de Myriam Lins de Barros, que esteve presente na banca do meu doutorado, sobre a escolha e o afeto como valores perseguidos na família contemporânea individualizada, mas que acabam se tornando "obrigatórios" na constituição dos laços.

de família reforça a integração do grupo doméstico, deixando de fora os membros com os quais a relação é tensa, aqueles que se afastaram ou, ainda, os que não são vistos como integrantes daquele universo familiar. Se os álbuns de família mostram fotografias que fixam situações particulares, aparentemente felizes, é no momento da escolha dos retratos a serem exibidos que se notará a figura do indesejado. Luzia, que tem um relacionamento conflituoso com a nora, não hesitou em "deletar" grande parte das fotos em que a mulher do filho aparecia. A atitude foi a mesma na sua página em um site de relacionamento, de onde a nora foi "deletada" de sua rede virtual de amizades. Isso nos leva a refletir sobre os comportamentos familiares na sociedade contemporânea. Se o registro fotográfico fixado em papel perpetua a presença dos indivíduos "indesejados",[5] pois, embora recortado, ele é suporte de uma memória, a fotografia digital permite apagar imediatamente a imagem não desejada. Assim, as relações tensas e conflituosas podem ser facilmente postas em suspenso no momento de revisitar os novos álbuns de família.

Sobre a frequência com que a parentela por aliança aparece nas fotografias, o caso de Fabíola é bastante significativo. Durante o namoro, ela e a sogra tinham um relacionamento estável, aparentemente amistoso. Revendo as fotografias, Fabíola disse que, na época, a namorada do seu futuro cunhado sentia ciúme da intimidade que ela tinha com a futura sogra:

> Essa aqui é ela. Vivia reclamando que a Marilda dava mais atenção para mim, que era recém-chegada na família, do que para ela, que estava há 14 anos namorando meu cunhado. Minha mãe conheceu a Marilda primeiro do que os pais dela. O pai do Maurício [o marido] chamou meus pais para conhecerem a casa dele e nunca chamou os pais dela.

---

[5] Um recurso muito comum encontrado nos álbuns de família são os retratos recortados para eliminar a pessoa que deixou de fazer parte daquela rede mais íntima, por motivo de divórcio ou brigas de família, mas preservando os demais componentes da fotografia. Hoje, o photoshop é bastante usado para "deletar" a pessoa indesejada.

Fabíola e a sogra, no início do namoro.

Fabíola entre a sogra e o marido.

Fabíola tem muitas fotografias ao lado da sogra no período do namoro e durante os primeiros meses de casamento. As fotos da família do marido foram presenteadas pela própria sogra logo que se conheceram, pois ela tinha álbuns da infância de seus parentes. A sogra, porém, deixou de ser fotografada desde o surgimento das tensões entre as duas, deixando de figurar nos álbuns e fotografias digitais armazenados na página virtual do site de relacionamento de Fabíola. Esta declarou que a sogra também não tinha o hábito de fotografar o neto e que é ela quem presenteia a avó com as imagens da criança. No universo de fotografias apresentado por ela, há somente uma da sogra com o neto ainda bebê — hoje ele tem quatro anos — e outra em que a sogra aparece na festa surpresa de aniversário do marido.

A sogra de Fabíola com o neto (2004).

A sogra e o marido de Fabíola em primeiro plano. Ressalto que, ao rever esta fotografia, Fabíola comenta que o momento retrata uma festa surpresa para comemorar o aniversário do marido, organizada pela sogra. Relembra que a sogra convidou a ex-namorada do marido, causando certo constrangimento entre elas (2003).

São cerca de 700 fotografias no site de relacionamento de Fabíola, organizadas segundo temas variados — sua rotina, as festas e a vida do seu filho — e obedecendo à mesma lógica classificatória dos álbuns de família convencionais, baseada no afeto e na importância atribuída aos indivíduos retratados. As fotos são agrupadas de acordo com uma lógica orientada para os grupos de referência, segundo os "momentos retratáveis" na vida de um grupo social (Moreira Leite, 2000). Segundo observa Joon Ho Kim, a partir das considerações de Peter Berger sobre fotografia e memória,

Tirar fotografias, guardá-las e expô-las é, certamente, uma forma de memória intencionalmente manipulada, sempre sujeita às "ideias atuais sobre o que é ou não importante". [...]. Mas esse processo de apropriação dos retratos também faz parte de um projeto de memória, de um "modo de ver" a si próprio em uma rede de pseudopresenças que expressam a imagem biográfica que se deseja deixar como legado [Kim, 2003:230].

Os álbuns virtuais de Fabíola apresentam fotografias das situações nas quais ela está inserida e demonstram seu "estilo de vida". Remontam, como num quebra-cabeça, sua vida, pois estão organizados segundo eventos, momentos com a família e com os amigos. Um dos álbuns dedicados ao filho e ao marido destaca-se pelo título "Amores", evidenciando o afeto pela família conjugal.

Sylvain Maresca observou que os primeiros registros fotográficos não eram nomeados e identificados, as pessoas retratadas eram anônimas (Maresca, 1996).[6] Nos atuais álbuns virtuais, os títulos têm lugar de destaque, sendo a identidade do grupo reforçada em todos os aspectos. A informação imagética está sempre acompanhada de suas referências, as quais lhes dão identidade e reforçam os pertencimentos sociais, situando a imagem no espaço e no tempo. O uso doméstico da fotografia garantiu a autoria de que necessitava para formular suas legendas. Se, entre as caixas de sapato onde estão guardadas as fotografias em papel, a referência depende de mecanismos "discricionários da memória", no mundo virtual, ela é cuidadosamente formulada e apresentada aos leitores, garantindo e

---

[6] O autor questiona o anonimato nos primeiros registros fotográficos. Se, de um lado, eles constituíam "imagens de identidade", de outro, não continham informação alguma além da própria imagem. O fato é curioso, uma vez que as primeiras fotos foram tiradas entre as camadas superiores da sociedade e em determinado período histórico no qual o "nome" representava a consagração social. O foco estava no desenvolvimento técnico da fotografia, logo, na expertise do fotógrafo. Assim, mais importava a assinatura do fotógrafo que o nome do retratado (Maresca, 1996).

reforçando a informação que se quer transmitir. Eugênio Bucci parece não concordar, uma vez que, para ele, a tecnologia digital teria ocasionado o esvaziamento da função documental da fotografia, em função da "banalização" da imagem digital. Assim, "as fotografias voam por aí não mais como registros factuais, mas como migalhas de lembranças em bolha (agora, lembranças sem raízes), figuras sem paternidade que só se articulam em narrativas por força de um olhar afetivo" (Bucci, 2008:80).

Justamente pelo teor de afetividade e pela função de resguardar a memória, as fotografias de família analisadas nos álbuns digitais, construídos nos sites de relacionamentos, primam pela referência, ainda que seu valor informativo esteja também "no olhar de quem a tem como objeto e que a tomará como um elo para uma narrativa sentimental" (Bucci, 2008:80). As fotografias de família diferem, por sua natureza, das outras imagens veiculadas no universo digital. Elas são mais preservadas de manipulações e, por isso, como registro, têm mais credibilidade.

A fotografia a seguir abre um dos álbuns virtuais no site de relacionamento da mãe de Fabíola. O importante é o título do álbum: "Eu e Mariana aqui na Austrália aguardando a chegada do Jorginho".

Mãe e irmã de Fabíola (Austrália, 2004).

Os álbuns digitais de Fabíola também compõem um conjunto de imagens significativas, e, por meio deles, é possível observar, como afirma Irène Jonas (1996:105), "um sistema de vida numa época determinada". Nos álbuns e fotografias é possível fazer uma leitura "de um tipo de representação do mundo de seus autores". As fotografias revelam "a articulação entre as inclinações subjetivo-criadoras do indivíduo e a reprodução de modelos sociais, tanto no seu conteúdo como na sua forma fotográfica" (Jonas, 1996:105).

Não há fotografias da sogra selecionadas nos álbuns, nem aquelas das festas do filho de Fabíola, nas quais a avó esteve presente. No entanto, seus parentes consanguíneos aparecem muitas vezes no acervo digital, e em momentos diversos. Fabíola declara possuir mais de 15 CDs com fotografias digitais, nenhuma delas da sogra. Vale ressaltar que, por meio do site de relacionamento, ela compartilha fotos do filho com sua mãe, que também possui uma página no mesmo site. Essa partilha torna bastante próxima a relação entre as duas, apesar da distância geográfica, já que a mãe reside na Austrália. A conversa em torno dos álbuns digitais de Fabíola fez levantar a questão da ausência da avó paterna na vida do neto, e suscitou a comparação entre as avós:

> Eu levava o Jorginho num parque ali em Copacabana [...]. Ela [a sogra] mora ali perto [do parque]. A minha mãe é mais presente morando na Austrália. [...] minha mãe liga 500 vezes por dia, [...] de preocupação, de querer falar com ele. Ela colocou internet aqui pra ver o neto na *webcam*, todo dia, e conversam, falam no telefone. [...] A outra mora aqui do lado e não faz isso.

Avó materna com o filho de Fabíola (Austrália, 2009).

Festa de aniversário do neto. A avó materna esteve presente (Rio de Janeiro, 2009).

Mãe de Fabíola dando banho do neto (Austrália, 2009).

Família de Fabíola e o filho recém-nascido (Rio de Janeiro, 2004).

Quanto às noras e sogras de baixa renda que foram entrevistadas, mesmo não dispondo de muitas fotografias, seus acervos revelam igualmente essa distância afetiva da parentela por aliança. Algumas noras não têm qualquer fotografia da sogra e vice-versa.

Assim acontece com Estela (manicure, 19 anos). Moradora de uma comunidade na zona norte do Rio de Janeiro, ela não tem álbum de fotografias. As poucas fotos dos filhos foram tiradas por profissionais autônomos que oferecem seus serviços em cerimônias nas igrejas. Estela declarou ter fotografias do batizado das crianças. Os retratos dos filhos no dia a dia são feitos pela câmera de seu celular, e ali são armazenados, porque ela não tem computador. De tempos em tempos, ela apaga as fotos mais antigas do celular, abrindo espaço para novas. Isso a impede de construir a biografia das crianças por meio de imagens no "tempo individual, sequencial e linear, que dá os parâmetros para o deciframento na construção de uma história existencial" (Lins de Barros e Stronzenberg, 1992:61). Em suas fotos, não figura a parentela por aliança, sendo o espaço da memória do celular reservado aos filhos, ao namorado, às amigas íntimas e aos autorretratos.

Leandra (empregada doméstica, 33 anos) teve pouco tempo para construir um relacionamento com a mãe de seu marido atual, pois esta faleceu logo após o seu casamento. As lembranças são poucas, e só existem duas fotos da parentela por aliança.

O marido atual, a sogra, o sogro e a cunhada de Leandra (Rio de Janeiro, 2004).

A sogra e o sogro de Leandra (Rio de Janeiro, 2004).

Já a relação de Leandra com a primeira sogra foi bastante traumática, pois ela tinha muita influência nas ações do filho e, portanto, na vida conjugal de Leandra. Em decorrência das tensões e dos conflitos, Leandra rasgou todas as fotografias em que a sogra aparecia e jogou fora o álbum do primeiro casamento. Restou somente uma foto de sua filha ainda bebê, feita pelo ex-marido, com uma câmera instantânea.

As imagens do pequeno acervo fotográfico de Leandra em geral são registros de momentos mais descontraídos da família e lhes foram presenteadas pelo irmão e por uma amiga. Os dois registram os eventos familiares, principalmente as festas de aniversário das crianças, Natal, Ano-Novo e churrascos eventuais. Mesmo nesses momentos descontraídos, interessa observar que as pessoas posam para a câmera, sendo raras as fotografias da família em situações mais espontâneas. O ato de fotografar, na família de Leandra, parece um momento solene, independentemente da formalidade ou informalidade dos eventos. Tudo indica que, na família dela, ser retratado é um ato especial, um momento valorizado que merece ser registrado em pose.

O irmão, a cunhada, Leandra e o filho caçula (Rio de Janeiro, 2007).

Leandra com os três filhos (Rio de Janeiro, 2005).

Leandra, que não possui celular com câmera nem câmera digital, não registra o cotidiano de seus filhos da mesma forma que as outras noras e sogras. Assim, as fotos da família são "imagens de eventos" e de situações especiais, ricas de significação, à medida que privilegiam somente as ocasiões consideradas importantes para se preservar. Embora registrem "bons momentos", como observa Irène Jonas (1989), esses registros diferem do que a autora classifica de "imagem afetiva", aquelas mais íntimas. As "imagens afetivas" também são posadas, mas o apelo é o da descontração, evocando o momento partilhado e a emoção, desritualizando o evento em si.

Aniversário da segunda filha de Leandra (Rio de Janeiro, 2007).

O filho caçula de Leandra (Rio de Janeiro, 2005).

As fotografias comprovam os laços afetivos. Elas não chegam a ser do mesmo tipo da foto-emblema das famílias do passado, mas dão destaque aos papéis sociais familiares com suas poses e sorrisos obrigatórios. Nas fotos de noras e sogras de camadas médias, eventos familiares, situações e contextos os mais variados também são registrados.

Não se percebe essa característica nas fotografias de Leandra. Talvez por uma questão econômica, a foto produzida pelas camadas médias é praticada de outra maneira, mais descontraída, registrando as brincadeiras e os momentos da intimidade familiar, mais do que o que se observa nas camadas de baixa renda. Preocupadas em expressar "a face pública da família", ainda que não "teatralizadas" e "austeras", como as fotografias de época, como apontam Myriam Lins de Barros e Strozenberg (1992:76), raras são as imagens que, nas sutilezas, revelam alguma intimidade afetiva ou amorosa da família.

## Poses, hierarquias e representações

Irène Jonas observa que as poses honoríficas foram substituídas pelo retrato natural, pois "surpreender o sorriso espontâneo, fotografar sem ser visto e ser fotografado sem se dar conta são as novas regras do jogo familiar" (Jonas, 1996:107). Entre as entrevistadas de camadas médias, a pose, não muito raro, forja certa informalidade, traduzindo uma "pseudoespontaneidade"; não se trata da pose solene, tal como observada nas fotografias de Leandra, em que a pose é previsível, nunca "desperdiçando" o clique com uma foto do tipo "pega de surpresa". Percebemos que a intenção do fotógrafo e dos retratados na construção da imagem é a mesma: a do registro. Não há espaço nem para contrariar a expectativa de quem fotografa os indivíduos em pose, "a fonte do prazer lúdico da brincadeira (quase que institucionalizada na relação fotográfica) de fazer o gesto gaiato, a careta ridícula, que surpreende e frustra o fotógrafo no momento decisivo e irreversível em que este aciona o botão da sua máquina" (Lins de Barros e Strozenberg, 1992:29).

A forma como noras e sogras aparecem nas fotos de família revelou uma demarcação de papéis e de posição social na família, posto que as poses, as atitudes corporais e as composições cênicas podem apontar o tipo de inserção do indivíduo na parentela. Tudo indica que as posições sociais registradas nas fotografias de hoje são menos marcadas que nas de ontem. Ainda assim, percebemos que, nos registros de eventos familiares, os indivíduos posam e se posicionam em situações tais que, muitas vezes, revelam as hierarquias familiares. Por exemplo, as fotografias de família com mais de duas ou três gerações em geral se organizam de forma que a primeira geração se posiciona no centro, com frequência sentada; os filhos e seus cônjuges, dos lados direito e esquerdo; os netos mais velhos, atrás; os pequenos e bisnetos, sentados no chão.

Miriam Moreira Leite (2000) chama atenção, no entanto, para o fato de que os retratos podem não descrever uma situação real, pois são representações da família em poses e com sorrisos dissimulados, camuflando conflitos latentes. Embora não possam indicar o nível de interação entre afins e consanguíneos, as declarações de uma das noras entrevistadas sobre a fotografia de casamento, ao lado da sogra viúva, já evidenciava os problemas que enfrentaria com a mãe do marido, fato que ela só perceberia anos depois do divórcio, ao rever seus álbuns. Na hora do registro fotográfico, a sogra se colocou entre ela (a noiva) e o filho (o noivo), abraçada com ele. Este talvez seja um registro raro nas fotos de casamento, e revela a intenção da sogra de marcar sua posição na vida conjugal do filho. Invasivo ou possessivo, seu comportamento contribuiu para a dissolução do casamento, anos depois.[7]

Nas fotografias do casamento de Elaine (dona de casa, 38 anos) há uma cena na qual ela é beijada pela sogra, revelando uma expressão de afeto entre parentes por aliança. Essa imagem logo se dissolve com seu relato, que revela a aproximação das duas só muito recentemente, ou seja, 15 anos após o registro fotográfico. A propósito de outro evento familiar, Elaine também discorre sobre a relação da sogra com a neta, sua filha. É uma fotografia do aniversário de um ano da criança, e a avó está com a neta no colo. Avó e neta estão no primeiro plano, no centro da festa, e a fotografia transmite a sensação de intimidade entre elas. Novamente Elaine revela que a avó paterna nunca foi afetuosa ou próxima da neta, pois privilegia a relação com o filho.

Elaine e a sogra no dia de seu casamento (Rio de Janeiro, 1991).

---

[7] Infelizmente a entrevistada não autorizou a divulgação de suas fotografias, por temer ser reconhecida por algum leitor. Ela pertence a uma família cujo sobrenome é conhecido na sociedade carioca.

A sogra com a filha de Elaine no Natal (2003).

Elaine se ressente dessa relação distanciada entre a filha e a avó:

Veio a Camila, e eu achei que fosse o diferencial [na relação entre ela e a sogra], aquele entrosamento... e a Camila não conseguiu. Uma vez fomos almoçar [perto da casa da sogra], e eu falei: "Você vai passar na sua mãe e no seu pai?" Porque eu sempre me preocupei com esse relacionamento, porque eles estão aí, daqui a pouco não estão mais, e eu acho que tem que vivenciar isso. Porque eu sempre tive muito isso na minha família, estar sempre reunida, muito ligados um ao outro. E a Camila falou assim: "Eu não, não vou lá não! Eles nunca conversam comigo, [...] é como se eu não existisse". E eu respeitei! Às vezes eu ficava chateada, a menina pequena... Meu avô, muito mais velho, sentava no chão e brincava na casinha de boneca. E a Camila tinha isso de um lado, e eu ficava com medo de ela comparar, porque não tinha do outro. Incomoda porque eu tive isso com meu avô! E ela não tem isso com o avô dela nem com minha sogra também.

Assim, raras são as fotografias da sogra: nos eventos familiares, em algumas festas de aniversário da filha, e nenhuma foto em qualquer situação mais íntima da família, como, o nascimento da neta, seus primeiros anos de vida, as brincadeiras etc. Inversamente, Camila (nove anos), aparece frequentemente nas fotografias da família de Elaine, revelando laços mais estreitos com os parentes maternos. Em nenhuma fotografia do cotidiano de Camila, aparecem os avós paternos. Elaine quer garantir a relação entre os avós e a filha, e, assim, preservar a memória e a identidade familiar. Esse distanciamento afetivo se reflete também nos silêncios fotográficos. Dessa forma, a fotografia perde sua função com a inexistência de imagens da família por aliança, posto que impossibilita os "comentários, as histórias, as lembranças evocadas […] [pelas] imagens, […] [apresentando] aos mais jovens uma história que não viveram, mas da qual fazem parte, convidando-os assim a incorporar à sua história essa memória familiar" (Peixoto, 2008).

Camila se recusa a visitar os avós paternos mesmo quando passam perto da casa deles, deixando claro que eles não lhe dão atenção.

Na mesma medida em que a identidade conjugal é valorizada, as fotos da vida familiar privada revelam uma lógica afetiva na qual se incluem os entes mais próximos e se excluem as relações esvaziadas, num processo de hierarquização das relações familiares. As fotos revelam, como no caso de Elaine, o lugar privilegiado da parentela consanguínea.

Bisavô materno (Rio de Janeiro, 2001).

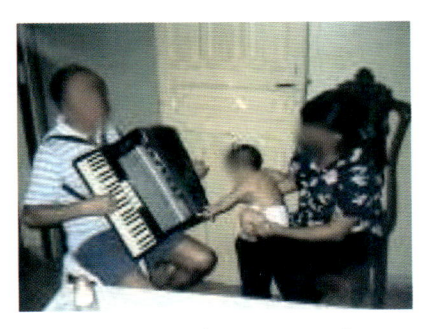

Família materna (Minas Gerais, 2001).

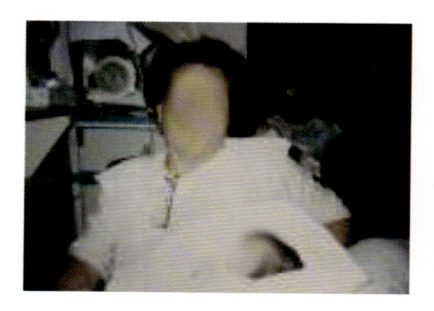

Bisavó materna (Rio de Janeiro, 2001).

Elaine e o marido, no primeiro mês de gravidez, em momento de descontração com a família de origem (Rio de Janeiro, 2000).

Dona Laura, ao contrário de Elaine, não possui muitos retratos. Sua condição de classe e sua idade restringem suas possibilidades de produção imagética. Pela dificuldade de usar novas tecnologias, dona Laura não possui muitos registros fotográficos feitos com qualquer tipo de suporte (câmeras fotográficas, celulares com câmeras).[8] Assim, suas fotos são ainda do tempo em que os filhos eram crianças, imagens de alguns parentes e amigos, já falecidos, e fotos de sua juventude. As mais recentes lhe foram presenteadas pela neta adolescente, criada por ela. Das outras duas netas, dona Laura só possui uma foto da mais velha (agora com 15 anos) aos dois anos de idade. Não há fotos de eventos recentes,[9] de datas comemorativas nem de cenas familiares cotidianas, pois raros são seus encontros com a família do filho. Dona Laura não possui fotografias da nora.

---

[8] Clarice Peixoto (2005) estudou as novas tecnologias e o envelhecimento, analisando a resistência de algumas pessoas mais idosas às inovações tecnológicas.
[9] No momento da entrevista, ela esperava ser presenteada com alguma fotografia da festa de 15 anos da neta, para a qual fora convidada.

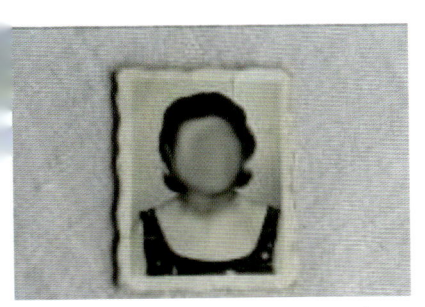

Dona Laura mais jovem (Rio de Janeiro, 1969).

Dona Laura com o filho bebê na porta de casa (Rio de Janeiro, 1978).

Primeira comunhão do filho (Rio de Janeiro, 1986).

O filho e a neta mais velha, aos dois anos (Rio de Janeiro, 1999).

As conversas sobre as fotos, ou a ausência delas, revelaram o grau de participação da avó na vida das netas. Assim, a fotografia não somente resgata a memória da família como também constrói "a memória das potencialidades que poderiam ter acontecido" (Kim, 2003:228). Embora seja

> um fragmento congelado, a princípio imutável, do passado, [...] sempre estará subordinado às apropriações e ressignificações que refletem a interpretação que as pessoas têm ou desejam ter de suas próprias vidas em um dado momento. [...] são vestígios e traços de realidades passadas, interpretadas e articuladas na construção de imaginários visuais que visam a "espelhar" realidades que não existem mais ou existiram apenas como possibilidades [Kim, 2003:230].

As entrevistadas se ressentem, portanto, dos rumos que os relacionamentos entre sogras e noras tomaram. Resignadas, elas lançam mão de argumentos pragmáticos para justificar o não estreitamento dos laços e o pouco afeto na relação parental. Elaine fala sobre seu relacionamento amigável com a sogra, mas sem intimidade: "Eu não me dou mal, mas [ela] não tem a participação que eu gostaria que tivesse, e que eu tenho da minha família".

Dona Laura faz o seguinte comentário: "Eu sentia muita tristeza. Queria muito que eu fosse uma mãe pra ela... Eu pensava que era ciúme [do marido e filho], porque ela não tinha mãe, não tinha ninguém aqui. A família dela era só a gente".

Curiosamente, os laços entre avós e netos são bastante evocados. Mesmo desgastados, como no caso de Elaine e dona Laura, o estatuto de avó é valorizado. Noras e sogras são capazes de relevar as rusgas, de sublimar indiferenças em favor da relação entre netos e avós. Como assinala Clotilde Lemarchant (1999:82), é importante

> manter os laços entre avós/netos, sobretudo tomando como referência uma imagem unificada de família e evocando a necessidade da construção da árvore genealógica dos filhos, reconstruir as linhagens. Há uma lógica de encadeamento das gerações onde o parentesco representa a continuidade.

Conhecer o porquê e para que os indivíduos são retratados, dessa forma, contribui para compreender o significado da fotografia para além dos registros cotidianos da dinâmica da vida privada. Longe de ser ingênuas, as fotografias são uma construção. Os instantes são selecionados e situados num contexto privado, só mostrando o que se quer revelar. Assim, os retratos em que estão as avós/sogras e seus netos têm o objetivo de legar aos mais jovens a memória familiar e inseri-la em suas histórias individuais. Não é por acaso que as sogras pouco apareçam no contexto mais privado da família conjugal; em geral, elas figuram somente nas clássicas fotografias de aniversário dos netos. Isso é motivo para críticas de muitas noras entrevistadas: a pouca atenção que as avós dispensam aos netos, não participando dos momentos importantes da vida deles, como nascimento, festas da escola etc. Fabíola, por exemplo, faz questão de presentear a sogra com fotos do filho e do marido juntos: "Eu sou assim, eu tiro uma foto 'maneira' do Jorginho [4 anos] com o Maurício [marido], eu revelo, tenho impressora, e dou para ela... Ela não tem muito... Eu gostaria, como avó [de ganhar fotos do neto]. Assim como eu dou para minha mãe, dou para ela, mesmo eu não gostando dela".

Ao folhear o álbum do filho, Fabíola se ressente da pouca participação dos avós paternos nas fases de crescimento do neto: "Eles não viram nada disso. Jorginho andando, Jorginho comendo... Ela não foi ao batizado, nem aniversário de um ano também não foi".

As ausências nas fotografias são percebidas com pesar também pelas avós, numa quase constatação de que o silêncio fotográfico representa o vácuo impresso nas relações familiares. Dona Laura, ao mexer nos álbuns, fala sobre o pouco contato que tem com as netas e lamenta: "Eu nem tenho nenhum retratinho da Roberta [a neta mais nova]... pouca foto".

## A fotografia na família individualizada

Por fim, as fotografias se revelaram um importante indicador da qualidade da relação entre parentes por aliança. As análises dos álbuns ou das fotografias dispersas demonstraram que a distância afetiva entre noras e sogras se apresenta também na produção das imagens da família. Como observa Irène Jonas, se os modelos de relacionamento na família mudaram, modificaram-se também as representações dos laços familiares na fotografia. Embora cerimônias como batismos, casamentos e festas ainda sejam solenemente registradas, outros sinais de integração da família contemporânea são capturados pela câmera fotográfica. A observação dos álbuns atuais revela que novas tendências se esboçam. Novas imagens substituem ou se juntam às antigas, e o tipo de fotografia se modifica, dando lugar a tomadas mais espontâneas e íntimas (Jonas, 1989:6). Assim, se, na família contemporânea, valoriza-se a escolha de estar mais perto de alguns parentes que de outros, as imagens mostraram que o parentesco por aliança é algo a se construir, e não por acaso observamos mais ausências que presenças dos parentes afins nas fotografias das noras e sogras entrevistadas. Ao que tudo indica, o que importa é deixar escapar a alegria que se quer transmitir, pois, assim como "as relações no seio do casal parecem se apoiar muito mais na escolha afetiva das pessoas que na obrigação jurídica, moral ou religiosa, esta foto tradicional tende não somente a desaparecer em prol de um outro tipo de imagem, [...] ela se torna inapta a dar conta do 'vivido'" (Jonas, 1996:109).

Embora hoje a fotografia familiar seja pouco praticada nos moldes tradicionais, o que se pretende com elas ainda é compor um patrimônio imagético e simbólico a ser revisitado e transmitido às gerações seguintes. Ao lado das poses solenes dos eventos, os acervos familiares parecem se constituir mais pelas "fotos afetivas", que revelam os momentos descontraídos e íntimos da família. No entanto, pouco espaço é dado à parentela por aliança.

## Referências bibliográficas

ÁGUEDA, Abílio. O fotógrafo lambe-lambe: o guardião da memória e cronista visual de uma comunidade. Tese Doutorado - Rio de Janeiro, Programa de Pós-graduação em Ciências Sociais/PPCIS-Uerj, 2008, 266p.

BUCCI, Eugênio. Meu pai, meus irmãos e o tempo. In: MAMMI, L. ; SCHWARCZ, L. M. 8 x fotografia: ensaios. São Paulo: Companhia das Letras, 2008.

COPQUE, Bárbara. Família é bom para passar o final de semana. Cadernos de Antropologia e Imagem v. 17 n. 2, 2003.

FERREIRA, Maria Letícia. Olhares fixos na imensidão do tempo. Cadernos de Antropologia e Imagem 2, 1996.

JONAS, Irène. Lire entre les pages de l'album. Informations Sociales, n. 4, 1989, p. 4-10.

_____. Mentira e verdade do álbum de fotos de família. Cadernos de Antropologia e Imagem 2, 1996.

KIM, Joon Ho. A fotografia como projeto de memória. Cadernos de Antropologia e Imagem v. 17, n. 2, 2003.

LEMARCHANT, Clotilde. *Belles fille*: avec les braux-parents trouvur la bonne distance. (Colletion Le Seus Social). Paris: Presses Universitaires de Dennes, 1999.

LINS DE BARROS, Myriam; STROZENBERG, Ilana. *Álbum de família*. Rio de Janeiro: Comunicação Contemporânea, 1992.

LUZ, Gleice Mattos. *Noras e sogras*: sobre relações familiares, conflitos e imagens. Tese Doutorado – Rio de Janeiro, Programa de Pós Graduação em Ciências Sociais/PPCIS, Uerj, 2010.

MARESCA, Sylvain A. As figuras do desconhecido. *Cadernos de Antropologia e Imagem* 2, 1996.

_____. A reciclagem artística da fotografia amadora. *Cadernos de Antropologia e Imagem* v. 17, n. 2, 2003.

MOREIRA LEITE, Miriam. *Retratos de Família*. 2 ed. São Paulo: Edusp, 2000.

_____. Miriam. Retratos de família: imagem paradigmática no passado e no presente. In: SAMAIN, E. (org.). *O fotográfico*. 2. ed. São Paulo: Hucitec/Senac, 2005.

MOREIRA LEITE, Miriam. Morte e fotografia. In: KOURY M. G. P. (org.) *Imagem e memória*: ensaios em antropologia visual. Rio de Janeiro: Garamond, 2001.

ODIN, Roger. As produções familiares de cinema e vídeo na era do vídeo e da televisão. *Cadernos de Antropologia e Imagem* v. 17, n. 2, 2003.

PEIXOTO, Clarice Ehlers. Memória em imagens. In: KOURY M. G. P. (org.). *Imagem e memória:* ensaios em antropologia visual. Rio de Janeiro: Garamond, 2001.

_____. Family film: from family registries to historical artifacts. *Visual Anthropology* v. 21, n. 2, 2008.

# Tortos, emprestados e do coração: os avós por aliança

Anne Carolina Ramos

Quando as famílias se recompõem, novos integrantes começam a fazer parte do círculo de convivência das crianças: padrastos e madrastas entram em cena e reconfiguram as relações familiares. Com eles também surge uma nova figura familiar: são os avós sociais, que inauguram um tipo de contato intergeracional na vida desses meninos e meninas. Todavia, divórcios e recasamentos não se dão apenas na segunda geração. Como bem destaca Claudine Attias-Donfut (2002), foram os homens e as mulheres de 50-60 anos que orientaram o movimento de naturalização do divórcio, há mais ou menos três décadas, impulsionando algumas das mais importantes modificações vividas pela família contemporânea. Quando os avós dão início a novos relacionamentos, eles também colocam em circulação um avô ou uma avó por aliança, ampliando, agora pelas mudanças conjugais ocorridas na terceira geração, a rede de contato intergeracional dos netos.

O relacionamento entre netos e avós sociais tende a se diferenciar amplamente daquele estabelecido com os avós naturais: enquanto estes últimos são *biologicamente* insubstituíveis, ocupando um lugar singular na história biográfica de cada criança, os avós por aliança refletem um elo que, longe de ser durável, depende do tipo de relação existente entre eles e os novos cônjuges de seus filhos.[1] Nesses casos, as conexões vitais não acontecem de imediato, posto que elas carecem do vínculo afetivo, que se estabelece no nascimento de um neto biológico (Kornhaber e Woodward, 1985). A conexão entre eles é eletiva e depende da combinação de grande número de fatores para ser valorizada. Mas como as crianças atribuem significado a essas relações? Seriam os avós sociais considerados avós pelas crianças? Teriam eles o mesmo estatuto que os avós biológicos? Como as mudanças familiares potencializam ou restringem os relacionamentos entre netos e avós por aliança?

Neste estudo, um grupo de 36 crianças (16 meninos e 20 meninas), com idades entre sete e 10 anos, relata como elas experienciam os recasamentos dos pais e dos avós, e como elas vivem e atribuem significado a seus relacionamentos com os avós por aliança.[2] Todavia, ao *contar* sobre suas experiências e os diferentes ângulos que compõem essa relação, as crianças não se utilizam apenas da oralidade. Elas também fazem uso, na pesquisa, da linguagem escrita e plástica, a qual foi responsável pelo *verdadeiro* sentido de "dar voz às crianças".[3] Seus desenhos são entendidos aqui como uma linguagem visual, por meio da

---

[1] É evidente que os laços com os avós biológicos também dependem das relações entre estes e seus filhos/noras/genros. Essa distinção entre avós sociais e biológicos ocorre porque os últimos têm um elo que os une anterior à própria relação: o elo do sangue, muitas vezes suficiente para justificar o interesse das crianças por seus avós.
[2] Este texto é resultado de tese de doutorado (Ramos, 2011), cuja pesquisa foi feita com crianças de classe média e média alta da cidade de Porto Alegre (RS). Os nomes que aqui constam são fictícios e foram escolhidos pelas crianças durante as entrevistas. Os trechos em itálico nas citações de entrevistas são meus.
[3] Neste texto analiso os desenhos propostos em três atividades: o desenho da família, dos avós, e a representação cartográfica do contato entre avós e netos. O "desenho da família" consistia em uma atividade na qual as crianças deveriam desenhar as pessoas que elas julgavam fazer parte de sua família. Essa atividade permitiu conhecer os processos de inclusão (quem pertence) e exclusão familiar (quem não pertence), elaborados por elas. A atividade intitulada "desenho dos avós" buscava compreender os processos de inclusão e exclusão elaborados pelas crianças em relação a seus avós. A "representação cartográfica" refere-se a um mapa das distâncias, afetos e intensidade do contato entre avós e netos, elaborado pelas crianças.

qual elas expressam e significam modos de interpretar o mundo que as cerca. Essa criação evoca emoção, imaginação, observação e a memória das crianças, envolvendo seus contextos de vida e suas experiências mais concretas. Por isso, o desenho é um ato comunicativo, e não apenas uma simples representação da realidade externa. Mas o que entra em jogo nas significações elaboradas pelas crianças? Que fatores interferem nas relações entre os avós e netos sociais?

## "Eu não estou pronto pra eles ainda..."

Quando os avós por aliança aparecem na vida das crianças, os dois lados precisam se adaptar à nova posição social. Nesse processo de ajustamento e adaptação, inúmeros fatores se entrecruzam, sendo muitas vezes decisivos na constituição de vínculos e no reconhecimento do estatuto de avô por parte das crianças. A disponibilidade emocional é um fator importante nessas relações. De um lado, os avós sociais precisam acolher emocionalmente o neto que chega de forma inesperada; de outro, os netos precisam estar prontos para lidar com a nova situação, ainda que estejam vivendo um momento de ajustes internos: ou seja, uma fase na qual precisam elaborar os impactos da separação, a nova condição familiar e a própria chegada de um novo companheiro na vida de seus pais, antes mesmo de lidar com os sentimentos da nova relação familiar, os avós sociais (Kornhaber, 1996).

Lion (oito anos), por exemplo, diz não conseguir aceitar os pais da madrasta, a quem ele conhece há cerca de dois anos, como avós: "Eu não sei. Tem que passar um pouquinho mais de tempo, eu acho. Não sei... Eu acho que eu não estou pronto ainda. *Eu não estou pronto pra eles ainda*", afirma o menino. Nessas relações, a idade da criança no momento do divórcio e do recasamento dos pais é um fator importante, o que também pode ser observado no recasamento dos avós.

Gabriella (oito anos), por exemplo, tem dois avós sociais: a mãe do padrasto e o padrasto da mãe. Embora ambos sejam seus avós por aliança, eles ocupam lugares diferentes em sua história biográfica. Gabriella nunca teve contato com o avô materno, tendo conhecido seu *vodrasto*,[4] o novo marido de sua avó, ainda muito pequena: "A primeira vez que eu vi meu vô, o pai da minha mãe, foi no sábado, mas desde que eu nasci eu não via ele", explica a menina, que havia vivido esse reencontro recentemente. Para ela, ter um *vodrasto* é "a mesma coisa que ter um avô de verdade: a minha mãe disse que ele não é meu vô de sangue, que ele é meu vô de coração, mas pra mim é a mesma coisa". Em seu desenho dos avós (figura 1), podemos observar que Gabriella se refere a ele como "avô materno".

Figura 1: Desenhos que Gabriella fez dos avós: ela, a avó materna e o vodrasto ("vô materno").

A avó por parte de padrasto Gabriella conhece há quase dois anos, assim como o padrasto. Podemos notar que ela não aparece no desenho que a menina fez dos avós. Quando explica os motivos, Gabriella deixa clara a importância do *tempo* na construção dos laços:

---

[4] As expressões "vodrasta" e "vodrasto" foram criadas pelas crianças durante as entrevistas, como derivações de "madrasta" e "padrasto". Incluindo o prefixo "vo", de avô e avó, no lugar de "ma" (ma-drasta) e "pa" (pa-drasto), meninos e meninas nomearam com uma palavra mais próxima e significativa, para eles, essa nova figura familiar: os avós por aliança.

Bom, é que é assim... ela [a mãe do padrasto] não é muito assim da minha família. Ela é médio da minha família. Ela não é minha vó, né... E o meu vô, padrasto da minha mãe, eu acho que ele é meu vô, né, porque *eu tô com ele desde pequenininha*, e com ela, *eu só conheci ela com sete anos* [No momento da entrevista, Gabriella tinha oito anos].

A representação cartográfica que Gabriella fez também mostra as diferenças entre conexões biológicas e sociais (figura 2). Se, por um lado, os vínculos com a mãe do padrasto ainda precisam ser alimentados para que ela, talvez, possa considerá-la sua avó, atribuindo-lhe três corações, como fez com os demais, por outro, os avós paternos, a quem Gabriella só viu quando era bebê, contam com toda sua afetividade: "O pai do meu pai e a mãe do meu pai eu não conheço, porque eles moram lá em Belém, mas eu pintei porque *eu sei que eles são meus avós de verdade*, eles *são meus avós de verdade*, então daí eu coloquei três corações porque *eu amo muito eles*, mesmo sem conhecer".

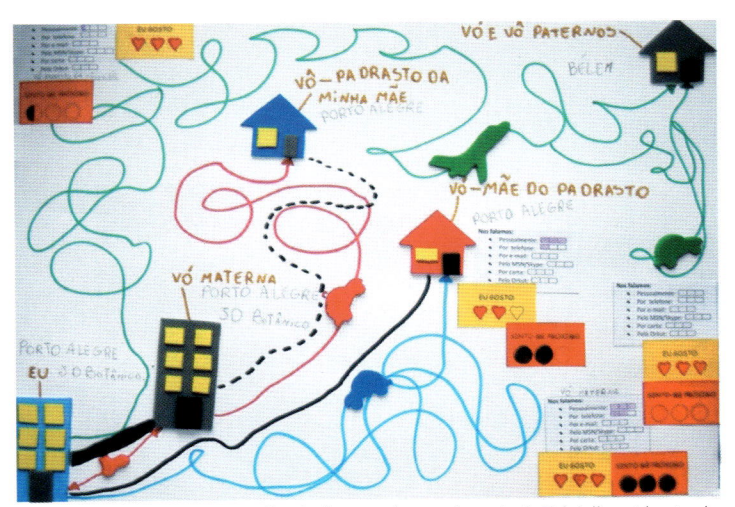

Figura 2: Representação cartográfica da distância da casa dos avós de Gabriella, evidenciando o transporte usado para visitá-los.

Quando a convivência com os avós sociais se inicia ainda na primeiríssima infância, a aceitação dessa relação como "familiar" torna-se mais fácil, mas ela também depende da própria *qualidade da relação* que as crianças têm com seus avós biológicos (no caso dos *vodrastos*, por ocasião do recasamento dos avós) e com seus padrastos e madrastas (no caso dos *vodrastos* por recasamento dos pais). São eles que tornarão possível a criação de um elo entre netos e avós sociais. Analisemos melhor a primeira situação.

## A importância dos avós biológicos no contato entre netos e avós sociais

Voltemos ao caso de Gabriella. Ao analisarmos a cartografia que ela desenhou, podemos perceber que seu *vodrasto* e sua avó materna não moram na mesma casa, e que o contato entre eles acontece durante os finais de semana, como ela mesma explica: "Às vezes eu vou almoçar lá na casa dele, mas daí *a minha vó vai junto*, né, ou às vezes ele vem pra casa dela". Na representação cartográfica, podemos ver que ela vai a pé até a casa da avó materna, e, de lá, as duas seguem de carro até a casa do *vodrasto*: ou seja, o elo afetivo é construído pela própria avó. O mesmo acontece com Carol (nove anos), que vive com a família reconstituída do pai e cujos avós paternos são divorciados e recasados.

Figura 3: Desenho que Carol fez dos avós. Da esquerda para a direita, padrasto do pai, avó materna, avô paterno, avó paterna e avó, mãe da madrasta.

No desenho que fez dos avós, podemos ver que Carol escolhe desenhar o marido da avó paterna, mas não a esposa do avô paterno (figura 3). Para ela, a explicação está nos vínculos afetivos entre eles: enquanto a menina tem um contato intenso com a avó paterna e, consequentemente, com seu *vodrasto* (eles moram juntos), a relação com o avô paterno é um pouco mais distendida: "Eu não desenhei ela porque *eu não vejo mais tanto o meu avô*, daí eu sou mais próxima dele [do *vodrasto* por parte da avó]".

Na história de Carol, também há um duplo desdobramento: se, por um lado, o contato com a *vodrasta* depende do contato que ela tem com o avô paterno, por outro, o contato com o avô paterno depende do pai, uma vez que a relação entre avós e netos biológicos é fortemente determinada pela geração intermediária: "É que eu só vou lá *quando o meu pai me deixa ir*, porque tem uns finais de semana que eu posso ir lá, e tem outros que não, porque eu tô lá na minha mãe. Meus pais são separados, né". Seu avô quase não vem à sua casa: "Ele vai muito raramente!", diz ela. Se com o avô o elo é forte e continua existindo mesmo com uma frequência menor de visitas — eles também se falam por MSN, e-mail e telefone —, com a *vodrasta* esses elos são substancialmente dependentes do contato pessoal: por isso, ela incluiu o avô, mas não a avó por aliança no desenho que fez dos avós.

Quando os avós sociais são oriundos do recasamento dos pais, as relações tornam-se um pouco mais complexas, posto que elas envolvem dois elos sociais consecutivos: os/as padrastos/madrastas e os avós por aliança. Quando padrastos e madrastas — que são as pessoas da linhagem social com quem as crianças têm mais contato — são reconhecidos por elas como membros efetivos da família, então as crianças podem pensar em incluir os avós sociais na rede de parentesco. O processo de inclusão dos segundos está fortemente associado à inclusão dos primeiros. Por isso, antes de analisar as relações entre avós e netos sociais por recasamento dos pais, é preciso observar as relações das crianças com os padrastos e madrastas.

## Sobre padrastos e madrastas

As situações de reconstituição familiar são bastante complexas, e a inclusão efetiva de novos membros depende da sobreposição de vários fatores. O tempo de relacionamento é uma variável importante e pode atrair os padrastos e as madrastas — assim como os próprios avós sociais — para dentro da família. Ele articula duas situações complementares. A primeira é que o tempo permite a adaptação das crianças à nova configuração familiar, fomentando a criação de vínculos entre eles. Como bem explica Felipe (nove anos), esse não é um processo necessariamente fácil: "Às vezes é chato, às vezes te dá raiva, porque antes eram todos juntos, tu te acostumou assim, e era legal. Tu ficou um tempo com eles juntos, e agora eles ficam longe. Tu tava acostumado com eles juntos, e agora eles ficam te dizendo 'desacostuma', entendeu?"

Se o ato de se "desacostumar" com a presença de um genitor pode ser difícil e doloroso, se "acostumar" com uma nova pessoa também é uma experiência carregada de novos sentimentos, nem sempre fáceis de ser elaborados. Amanda (nove anos) nos conta como ela vive a situação:

Não sei, é que às vezes tu acostuma com teus pais morando junto. Aí, quando eles se separam, e tu mora com a tua mãe, se ela arranja um namorado, tu fica com ciúmes, tu fica chateada que ela se separou do teu pai, e que agora *tem um outro homem morando contigo*, que tu não tá acostumada, porque tu sempre teve acostumada com o jeito do teu pai.

O impacto dos primeiros momentos pode ser atenuado com o passar do tempo. Yasmin (oito anos), por exemplo, diz ter mudado de atitude em relação ao padrasto: "Eu conheço meu padrasto faz uns dois anos. *No início*, eu não gostava muito dele, eu achava ele esquisito, *depois* eu comecei a gostar, *e hoje* eu acho ele legal".

O tempo também permite a reconstituição familiar: os laços se firmam, e o novo casal pode, agora, (re)erguer as vigas da casa. Para as crianças, a estabilidade do relacionamento dos pais é um passo importante na inclusão dos parceiros: quando as relações estão muito no começo ou não são oficialmente reconhecidas — seja pela coabitação, seja pelo novo casamento —, elas podem não lhes atribuir o estatuto de "padrasto" e "madrasta", o que revela um distanciamento ainda maior deles das redes familiares das crianças.

Para Nanda (oito anos), a nova companheira do pai, a quem ela conhece há pouco mais de um ano, não é sua madrasta, "porque eles *são apenas namorados*, ainda não se casaram e não pretendem fazer isso". Lion (oito anos), que conhece a companheira do pai há mais de dois anos, e até frequenta a casa dos pais dela, também tem o mesmo argumento: "Ela não é minha madrasta, ela é a namorada do meu pai". Para Lion, a situação vai se reverter no dia em que eles legitimarem a união, podendo modificar, na esteira disso, a própria relação que ele tem com os avós sociais: "Eles não são muito meus avós, assim... Talvez no próximo ano, quando *o meu pai e a namorada dele vão se casar na igreja*, daí eu acho que sim, aí pode ser que eles sejam meus avós".

O nascimento de um novo irmão/irmã também pode fortalecer esses elos. Carol, que mora com o pai e a madrasta, já a incluía na família (figura 4), mas o pertencimento desta foi selado com o nascimento do irmão: "Eu acho que a minha madrasta é da minha família porque *eu tenho um maninho que é filho dela*. Ela me deu o meu irmão, e às vezes eu até esqueço que ele é por parte de madrasta". O nascimento de um filho não legitima apenas o recasamento dos pais, ele concede o mesmo estatuto aos avós sociais, uma vez que eles também passam a fazer parte dos laços de sangue da família. Para Gabriella, os pais do padrasto se tornarão seus verdadeiros avós quando o irmão nascer: "Eu vejo bastante eles, sempre que eu vou na casa deles com o meu padrasto. Mas *eles ainda não são meus avós, porque o meu mano ainda não nasceu*, então eles ainda não fazem parte da minha família".

Figura 4: Desenho que Carol fez da família, no qual vemos a madrasta.

Quando os pais casam novamente e constituem uma nova família, as crianças podem ou não viver com eles. Quando padrastos e enteados não moram juntos, o contato entre eles, em geral, é mais restrito, e as crianças tendem a interpretar a relação como não familiar. Para Baiano (10 anos), a escolha é definida pelos limites do domicílio: "Os que não tão morando comigo não são da minha família". O mesmo acontece com Fernanda (nove anos), que inclui no desenho que fez da família apenas a mãe e a avó — deixando de fora o pai e a madrasta, que não vivem com ela: "Eu desenhei só as pessoas que moram comigo, só aquelas que eu tô mais próxima".

Todavia, isso não significa que os limites do domicílio operem sozinhos nos processos de inclusão e exclusão dos membros da família; eles podem atuar de forma conjugada a outros fatores. A redução do contato com a linhagem que não possui a guarda ou a reação negativa das crianças frente ao "novo casamento dos pais também podem influenciar nas decisões. Por outro lado, o estatuto dos padrastos pode se revelar, na sua própria singularidade, um tanto desconectado das relações familiares.

As escolhas de Fernanda revelam bem esses desdobramentos: o pai e a madrasta não fazem parte da família porque ela não mora com eles, e considera o contato com o pai insatisfatório. A madrasta, além de ocupar essas duas categorias (não mora e não tem muito contato), também é vista pela menina como uma figura casual, que existe apenas por opção do pai, e isso não traz implicação direta para sua própria vida: "A minha madrasta nunca que eu ia colocar, porque ela não faz parte da minha família, porque *ela é só minha madrasta*, ela não é mais *nada minha*".

Diego (nove anos), que mora com a madrasta, também elabora a mesma diferenciação, evidenciando o obscurecimento das fronteiras domiciliares. Ele fez o desenho da família da seguinte forma: desenhou a si próprio, o pai e a mãe, de um lado da folha (separados por um risco), e, do outro, colocou a irmã por parte de mãe e a madrasta. Depois, ele resolveu colocar a irmã do lado esquerdo — "ela é minha irmã verdadeira porque ela saiu da minha mãe" —, mostrando a mudança de posição por meio de uma flecha (figura 5). Ao explicar o desenho, Diego esclarece: "Eu fiz a minha família e a minha madrasta". Sua frase deixa claro que, mesmo morando com ela, a madrasta não faz parte da família, representando apenas uma pessoa com quem ele divide a mesma casa. Os outros quatro estão interligados biologicamente.

Figura 5: Desenho que Diego fez da família, no qual vemos a madrasta separada dos demais integrantes.

## A importância dos padrastos e madrastas no contato entre netos e avós sociais

A não inclusão dos padrastos e madrastas nas linhas familiares representa a exclusão dos avós por aliança de seu papel de avós: quando as crianças não incluem seus padrastos e madrastas como membros da família, elas também não incluem seus possíveis avós sociais. Todavia, isso não quer dizer que elas não os conheçam ou não convivam com eles, apenas os significados dessas relações são esvaziados de sentido no contexto familiar. Nesses casos, as crianças definitivamente não os nomeiam de "vô" e de "vó", e as relações, quando existem, são impessoais ou até relativamente frias. O uso do nome próprio, do sobrenome ou de outros substantivos, como "dona", "senhor" ou "tia", reflete essa diferenciação.

Gabriella, por exemplo, chama a mãe do padrasto de "tia Gracinda", porque "todo mundo chama ela assim". A própria Gabriella reconhece que, quando o irmão nascer, e a "tia" se tornar "avó", esse nome não será mais adequado ao novo papel: "Eu chamo ela de tia Gracinda. Apesar de que *ela vai ser minha vó*, mas eu ainda chamo ela de tia Gracinda". O mesmo ocorre com Lion, que chama os pais da madrasta de "dona Rosa" e "senhor Farias": "Eles me fizeram assim, me fizeram conhecer eles como dona Rosa e senhor Farias. Eu não sei qual é o nome deles mesmo", explica o menino. Já Baiano chama os pais da madrasta pelo nome próprio: "Eu chamo eles de Vera Lúcia e João Luis".

Se os nomes, por si sós, já revelam certo distanciamento afetivo, este também pode ser visto na qualidade das relações. Quando as crianças não possuem uma convivência positiva ou minimamente satisfatória com os avós sociais, elas também tendem a se afastar deles, demarcando fortemente as fronteiras que os separam. Baiano, que mora com a mãe, mas visita o pai e a madrasta com bastante frequência, diz ver os pais dela sempre que vai lá: "Meu pai mora do lado da casa deles. Daí, quando a gente vai lá, a gente vai lá também. Eu vejo eles à noite, quando eu vou no meu pai, ou nos finais de semana, quando eu fico com ele". A satisfação com essa relação não é proporcional à quantidade de vezes que eles se veem: "Eu não gosto deles. O pai da minha madrasta é um velhão bem chatão. Ele nem deixa o cara brincar! Parece que o cara tá numa prisão!".

Além disso, Baiano consegue perceber claramente as diferenças entre a avó biológica e a avó por aliança: "Ah, é que a minha vó verdadeira é diferente. Essa aqui não é, né?! [...] *Eu sinto isso*, porque ela quase não dá coisas pra nós, só às vezes, só às vezes é que ela dá alguma coisinha, assim". No recorte cartográfico que ela fez, vemos que a proximidade geográfica lhe permite ir a pé à casa dos avós sociais, e, embora o contato pessoal seja intenso, ele não é sinônimo de afetividade: Baiano não pintou nenhum coração para eles (figura 6).

Para Lion, que convive com os pais da madrasta "na praia, quando tem festas ou quando [ele] vai almoçar lá", a qualidade das relações também se mostra um fator importante. Se algum dia ele conseguir considerá-los avós — atitude que ele afirma não poder garantir —, vai ser "quando eles *chegarem mais chegado*, me *derem mais carinho*, assim, daí, eu acho que eles vão ser meus avós".

Figura 6: Fragmento da representação cartográfica da casa dos avós de Baiano.

O contato com a nova linhagem tende a se diferenciar fortemente entre as crianças que moram e aquelas que não moram com os padrastos e madrastas. As crianças que não moram parecem ter menos contato com os companheiros dos pais, e isso repercute nos demais membros dessa linhagem. Dado que o casal reconstituído é responsável por inserir as crianças nesse novo grupo parental, e dado que os contatos entre padrastos e enteados costumam ser organizados de maneira a que o convívio entre eles seja mais raro ou infrequente, para que o avô por aliança tenha uma presença ativa na vida de seus netos é importante que as crianças vivam sob o mesmo teto que padrastos e madrastas (Hawker et al., 2001). Como já foi demonstrado anteriormente, essas relações tendem a se fortificar com o tempo. Por isso, quanto mais cedo as crianças vivem essa experiência, melhor é sua adaptação e inclusão na nova linhagem.

A história de Luck (nove anos) ilustra bem essa situação. O menino, que convive com seu padrasto desde bebê, diz considerar seis pessoas como avós: os avós maternos, os paternos e os por aliança:

Figura 7: Desenho que Luck fez dos avós, onde constam todos os que ele considera avós.

"Eu conheci meu padrasto quando eu tinha dois anos, só que eu não me lembro", conta Luck. Desde muito pequeno ele convive não apenas com o padrasto, como também com seus avós sociais: "Eu não tenho uma média pra ir na casa deles, mas eu vou duas ou três vezes por mês, eu acho. Eu costumo ir em aniversários e *só pra eu ir lá, só pra ver eles*". A convivência com os avós por parte de padrasto também acontece nas festas e nas férias: "Às vezes a gente vai pra praia junto, e lá a gente comemora o Natal com eles, mas não todos". Eles vêm à sua casa "mais nos aniversários ou em alguma festa". Podemos observar que Luck iniciou seu desenho pelos avós maternos, com quem ele mora, depois desenhou os avós por parte de padrasto e, por último, os avós paternos, que moram em outra cidade (figura 7). Em sua representação cartográfica, ele mostra as linhas de deslocamento entre as residências dos avós paternos e dos sociais (figura 8). Embora Luck vá à cidade dos avós paternos duas ou três vezes por mês (Garibaldi, a 127 quilômetros de Porto Alegre), o contato entre eles não é muito intenso, o que faz com que o menino se sinta muito mais próximo dos avós por parte de padrasto do que dos avós por parte de pai: "Meus avós paternos nunca vêm pra cá, nem o meu pai. A única vez que o meu pai veio pra Porto Alegre, que eu saiba, foi quando eu era pequeno, que ele veio me buscar de ônibus na rodoviária. Mas meus avós nunca iam junto, só o meu pai".

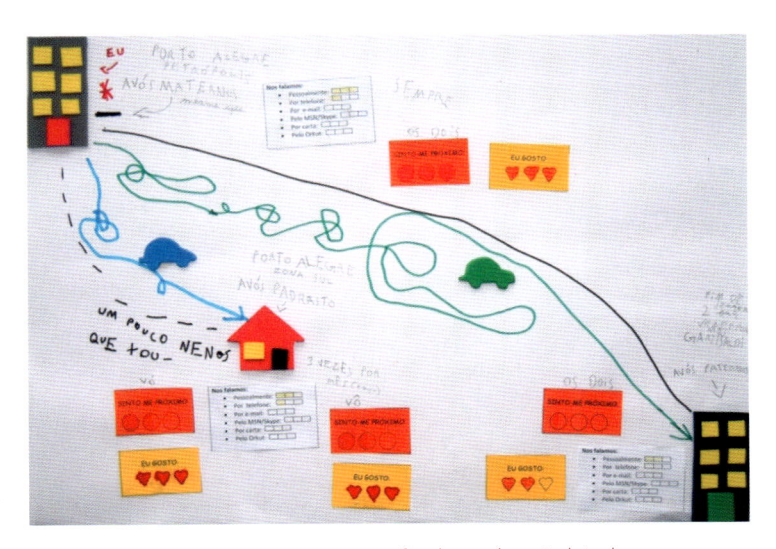

Figura 8: Representação cartográfica da casa dos avós de Luck.

O contato que Luck tem com o pai é intermediado pela família da mãe: "A minha vó e o meu vô me levam pra casa deles, que eles têm um sítio lá em Garibaldi, e daí meu pai vem me buscar no sítio". O pai, por sua vez, promove o contato entre Luck e os avós paternos: "Depois que ele me pega, às vezes o meu pai passa lá nos meus avós antes de eu ir pra Bento [cidade onde o pai mora, a 11 quilômetros de Garibaldi], ou, às vezes, ele vai direto". O contato com os avós paternos, que acontece apenas pessoalmente, não é muito expressivo e, por isso, não parece haver muita intimidade entre eles:

> Eu pintei meio próximo porque às vezes eu vou pra lá, o meu pai me busca, só que às vezes ele vai direto pra casa dele. Quando ele vai *a gente tipo passa na casa deles* e depois eu já vou lá pra casa do meu pai, né. Então eu não vou muito pra lá e, quando eu vou, *eu falo bem pouquinho com eles*.

Com os avós sociais, o elo é feito pela mãe e pelo padrasto, com quem Luck mostra ter um bom relacionamento: "Eu vou lá quando meus pais querem ir, quer dizer, meu padrasto e minha mãe. Ontem, por exemplo, foi aniversário do pai dele, e a gente foi lá". No desenho que fez da família (figura 9), podemos ver que Luck também inclui o padrasto (a quem ele desenha antes do próprio pai): "O meu padrasto, ele quase mora com a minha mãe, e *eu falo com ele muitas vezes, eu falo mais com ele do que com o meu pai*".

Figura 9: Desenho que Luck fez da família, no qual se observa a inclusão do padrasto.

Daniele (oito anos), que vive entre a casa da mãe (família monoparental) e a família reconstituída do pai (os pais têm a guarda compartilhada), também considera os pais de sua madrasta como avós. Seus pais se separaram quando ela ainda era pequena, e o recasamento do pai ocorreu pouco tempo depois: "Já faz muito tempo que eu conheço a minha madrasta, porque com três anos o meu pai se separou e com quatro anos ele já tava com ela. Eu era bebezinha ainda, eu não me lembro bem, mas ela me disse que me conhece desde que eu tinha uns três ou quatro anos". No desenho que fez da família (figura 10), podemos perceber que, à esquerda, está a família da mãe, e, à direita, a família da madrasta, na qual ela inclui a avó paterna e a avó por aliança (seus avôs já são falecidos). Daniele se desenha bem no centro da folha, e um traço duplo separa as duas famílias. Dela, saem duas flechas que indicam o pertencimento da menina aos dois lados. De fato, a convivência é expressiva com ambas as famílias: "Eu fico um sábado e um domingo com a mãe, outro sábado e domingo com o meu pai, segundas, terças e quartas também com o meu pai, e quintas e sextas com a minha mãe". Daniele parece ter um calendário bastante claro dos seus deslocamentos familiares.

Figura 10: Desenho que Daniele fez da família: a família da mãe e a da madrasta.

Daniele também desenha um coração entre o pai e a madrasta, indicando haver não só um elo afetivo entre os dois, mas também a aceitação da relação familiar. De acordo com Arthur Kornhaber (1996), um dos fatores que influenciam a qualidade da relação entre avós e netos sociais é a satisfação que os filhos têm com o recasamento dos pais. Quando as crianças percebem que o pai ou a mãe está feliz com o novo companheiro, e quando este também estabelece uma relação satisfatória com elas, há grandes possibilidades de haver a inclusão familiar desses novos membros. No desenho de Daniele, podemos ver a centralidade das mulheres nessas relações: de um lado está a família da mãe (ela parece não ter escrito o nome por falta de espaço); e, do outro, a família da madrasta, da qual o pai faz parte. Daniele também possui um irmão de quatro anos, nascido do novo casamento do pai, a quem representa com uma flecha, indicando seu pertencimento à família da madrasta.

Na representação cartográfica, vemos os deslocamentos de Daniele entre as casas dos três avós (figura 11): tem maior contato (intermediado pela mãe) com os avós maternos, mas também vê com frequência a avó paterna (relação intermediada pelo pai) e um pouco menos a avó por aliança (relação intermediada pela madrasta), a quem visita principalmente nas festas de final de ano, em razão da distância geográfica que as separa (Lagoa Vermelha, a 262 quilômetros de Porto Alegre): "A gente vai lá no Natal, mas às vezes, quando *a minha madrasta* tá com saudade da mãe dela, *eu vou junto*", explica a menina.

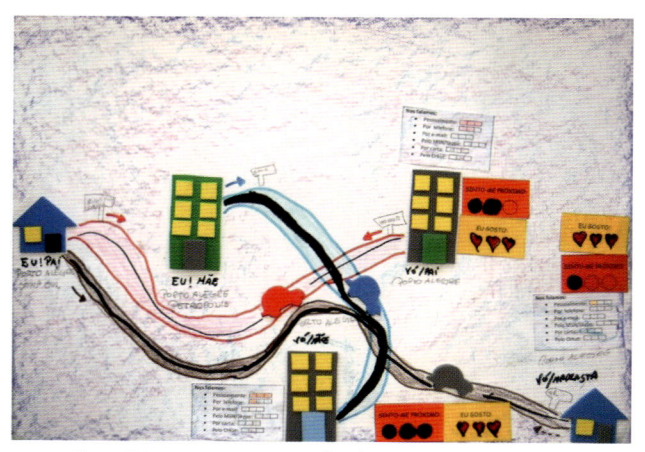

Figura 11: Representação cartográfica da casa dos avós de Daniele.

Um dado interessante desse contato intergeracional é o fato de Daniele atribuir três corações a todos os avós, colocando em "pé de igualdade" os avós biológicos e os avós por aliança. Quando pergunto se ela gosta de todos da mesma forma, ela rapidamente responde: "Eu gosto muito deles. *Pra mim não tem diferença*, são todos meus avós". Podemos perceber que a mãe de sua madrasta ganhou, com o tempo e a convivência, o estatuto de avó. "Eu chamo ela de vó Teresa, eu me acostumei assim desde pequena. Eles começaram a chamar ela de vó Teresa, e daí eu peguei a mania". Ao falar sobre a avó social, ela exclama: "*Bah*, ela é *tri*legal comigo, e às vezes a gente vai dormir lá na casa dela, que fica em Lagoa Vermelha. É bem legal! Eu gosto muito dela".

Lucas (nove anos), que mora com o pai, a madrasta e o irmão de sete meses, nascido dessa nova união, também reconhece os pais de sua madrasta como seus avós. Apesar de conviver com a madrasta há apenas dois anos, ele se mostra bastante envolvido com a família reconstituída, principalmente porque os laços com a linhagem materna são tensos e foram se perdendo gradativamente, após a morte da mãe, quando ele tinha apenas cinco anos. Na sua representação cartográfica (figura 12), vemos um contato muito forte com a avó paterna, com quem ele se encontra em "todas as datas especiais e em alguns domingos, quando [seu] pai quer fazer churrasco na casa dela"; um contato médio com a avó materna, que acontece "em alguns finais de semana, quando [ele] tem vontade de ir lá"; e um contato menos intenso com os avós por parte de madrasta, sobretudo nas férias de verão, quando ele vai a Rosário do Sul (387 quilômetros de Porto Alegre), cidade onde eles moram:

> Não dá, se fosse nas férias de inverno, no ano passado eu tinha ido, só que não ia adiantar nada eu ir, porque daqui a pouco já tinha que voltar, só ficar uma semana é pouco, [...] e nos finais de semana também não, porque sábado e domingo é muito pouco, porque é um dia inteiro que tu vai viajar.

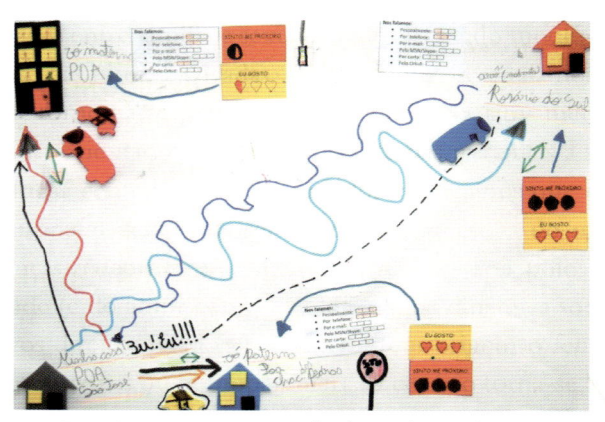

Figura 12: Representação cartográfica da casa dos avós de Lucas.

Apesar de se verem relativamente pouco, o contato telefônico entre eles é constante: "Eles ligam todas as manhãs. Quase todas! Eles falam com a Lúcia [madrasta], querem saber como é que a gente tá, o meu irmão, o que ele já aprendeu a fazer, o que tá acontecendo lá em casa". O nascimento do neto biológico também pode ter reforçado o contato, porque tende a unir ainda mais as linhas geracionais. Lucas percebe, com a própria experiência de neto e com o nascimento do irmão, que o modo como os avós sociais o tratam é muito parecido com a forma com que eles tratam o irmão (que é neto biológico deles), ou com o modo como a avó paterna — de quem gosta muito — se relaciona com ele. Por isso, Lucas pintou três corações para esses avós:

> Eu vejo, *eles me tratam como se eu fosse neto deles*. Eles sentem a mesma coisa por mim, *mesmo eu não sendo da família deles*. Por isso eu gosto desses dois [os avós sociais e a avó paterna] da mesma forma. Porque *eles me tratam do mesmo jeito*, eles têm o mesmo jeito de se expressar.

Lucas, ao se sentir acolhido pelos pais da madrasta, concede a eles o estatuto de avós (figura 13), e, quando pensa nas desavenças familiares na linhagem materna, desabafa: "Eu preferia que essa aqui [a avó materna, última pessoa a ser desenhada por ele] é que fosse de outra família".

Figura 13: Desenho que Lucas fez dos avós: os avós por aliança, a avó paterna e a materna.

O depoimento de Lucas mostra o engajamento dos avós sociais na criação de laços com o neto, mesmo que, como Lucas mesmo diz, ele não seja neto biológico e, portanto, teoricamente não faça parte da família. Esse não é um processo fácil, uma vez que a "chamada do sangue" (Hawker et al., 2001) pode impedir que o tratamento dado aos netos sociais e aos netos naturais ocorra de forma igualitária. Mesmo entre os netos naturais pode haver diferenças, oriundas das afinidades, da proximidade geográfica ou das preferências pessoais.

Em uma atividade de produção textual, na qual as crianças deveriam escrever sobre um dos avós, Lucas optou por escrever justamente sobre o avô por parte de madrasta — o primeiro a ser representado por ele no desenho —, dizendo que ele é *"um avô muito legal"*, que o "leva pra andar a cavalo", que lhe "ensina coisas sobre os campos" e com quem ele fica "feliz", quando se divertem juntos: *"Eu e meu avô somos muito próximos"*. Aos pais de sua madrasta, Lucas deu o estatuto de avós: "Eu chamo eles de vô Neri e vó Loiva".

Podemos aprender com as experiências de Lucas, Daniele e Luck que o bom relacionamento com os padrastos e as madrastas coabitantes reflete uma aceitação mais rápida dos avós sociais, principalmente quando as crianças já os conhecem há mais tempo, e já estão se acostumando com o divórcio dos pais. Assim como os pais são os responsáveis pela criação de laços entre netos e avós biológicos, os padrastos e madrastas também são figuras fundamentais no estabelecimento de elos entre seus pais e os enteados(as). Equilibrar as relações entre as linhagens paterna, materna e por aliança não é algo simples. A implicação dos avós sociais na vida dos netos por aliança tende a ser menor, uma vez que as responsabilidades de cuidado e ajuda familiar dificilmente recaem sobre eles. De todas as crianças entrevistadas, apenas Carol recebe ajuda de sua avó social, o que pode ter sido incentivado pela proximidade geográfica e pelo nascimento do biológico: "Ela vai lá em casa durante a semana pra cuidar de mim e do Junior de tarde", explica a menina. Quando as crianças convivem com seus padrastos e madrastas, mas não com seus *vodrastos*, a criação desse elo é muito difícil de ser concretizada.

Yasmin (oito anos) e André (oito anos), que vivem em famílias reconstituídas, não têm contato com os pais de seus padrastos. André conhece apenas a mãe do padrasto, tendo-a visto uma única vez, enquanto Yasmin não os conhece. Apesar de morarem com seus padrastos e os reconhecerem como integrantes de sua família, tal como Luck, Lucas e Daniele, eles não reconhecem os *vodrastos* como seus avós: "Eu não desenhei eles porque eles não são nem meu vô e nem minha vó! Um eu já vi, *só que eu nem me lembro* o nome!", diz André um pouco estupefato com minha pergunta. Yasmin também fica surpresa com a pergunta de por que seus *vodrastos* não foram representados: "Por quê? Eles não são meus avós! Eu nem sei quem eles são!"

Em seus desenhos (figuras 14 a 17) podemos observar que: por um lado, os padrastos constam no desenho da família — como no de André, cujo critério de escolha são "as pessoas que moram comigo e o meu primo, que é *bala*", ele chama o padrasto de tio; por outro, os *vodrastos* não aparecem como avós, pois estes são "aqueles que eu mais lembro e mais gosto", como afirma Yasmin.[5] Como bem destacam Claudine Attias-

---

[5] Claro que a falta de contato com os *vodrastos* é apenas um dos aspectos que pode ter impulsionado Yasmin e André a não considerarem os pais de seus padrastos seus avós. Contudo,

Donfut e Martine Segalen (1998), para que as linhagens sociais eletivas se tornem efetivas, elas precisam ser nutridas regularmente.

Figura 14: Desenho que Yasmin fez da família, no qual podemos ver a inclusão do padrasto, à direita.

Figura 15: Desenho que Yasmin fez dos avós, no qual só constam seus avós paternos e maternos. Os avós sociais não foram incluidos.

---

esse fator isolado parece ser por si só determinante, uma vez que essas crianças não possuem vínculos biológicos nem afetivos para embasar suas escolhas.

Figura 16: Desenho que André fez da família, no qual podemos ver a inclusão do padrasto (o "tio").

Figura 17: Desenho que André fez dos avós, no qual só constam seus avós paternos e maternos, e uma tia-avó. Os avós sociais não foram incluídos.

Quando *vodrastos* e *vodrastas* são divorciados, e as crianças convivem com ambos os lados, elas também elegem as relações mais satisfatórias. Carol, por exemplo, considera sua avó a mãe da madrasta, mas não o pai: "*Com ele eu tenho pouco contato*, eu tenho mais contato com ela". Enquanto Carol vê a mãe da madrasta "em alguns finais de semana, durante a semana, quando [ela vai] almoçar lá ou quando ela vem cuidar [dela] e do [seu] irmão de tarde", o pai da madrasta ela só vê "às vezes no Natal, quando [eles] passam lá, ou então na Páscoa; mas ele, *ele nunca vem*". No seu recorte cartográfico, podemos observar que enquanto o caminho da *vodrasta* é de ida e volta (casa à direita), o do *vodrasto* é apenas de ida (casa à esquerda), não havendo outro tipo de contato que não seja o pessoal. Como sua relação é mais harmoniosa com a mãe da madrasta, ela lhe dá três corações e a inclui no grupo dos avós: "A Neusa sim, porque eu gosto mais dela. E também eu *sou mais próxima dela*, né?!"

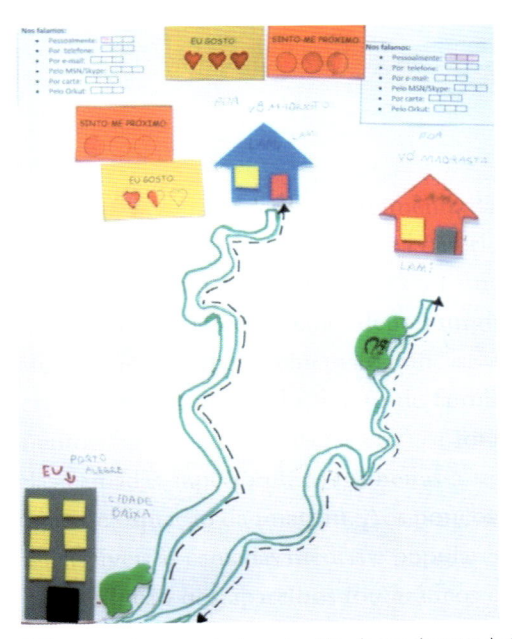

Figura 18: Fragmento da representação cartográfica da casa dos avós de Carol.

## Adotando um avô

Mas os avós sociais não são apenas os procedentes dos recasamentos dos pais e dos avós. As crianças também podem criar laços com pessoas mais velhas, a quem elas chamam de avós. Esse é o caso de Yasmin, que dá à mãe de seu padrinho o título de avó — "ela é minha avó adotiva" —, e de Luca que, de tanto conviver com um casal de vizinhos idosos, acabou por adotá-los como seus avós:

Eu conheci eles quando eu me mudei pra esse apartamento perto da escola. Eu tava na primeira série. Eles são meus vizinhos, né, daí eu fui visitando, convivendo assim junto, *a gente foi ficando íntimo* ali, e quando eu vi eu tava chamando eles de vô e de vó. [...] Eu chamava eles de vô e vó porque eles são mais velhos.

Como Luca sabe que eles não são seus avós consanguíneos, ele os nomeia de "avós emprestados" (figuras 19 e 20). Podemos pensar que ele de alguma forma supre a ausência física de seus avós biológicos, que moram em Cruz Alta (350 quilômetros de Porto Alegre). Esse "avô emprestado" é muito especial para ele, já que o menino não conheceu nenhum dos avós biológicos, daí seu lugar no desenho da família. Nele constam, evidentemente, os pais, com quem ele mora, e a avó materna, de quem gosta muito. Para Luca, a inclusão do "avô emprestado" na família é clara: "É que ele é o *meu único vô*, é o único vô que eu tenho!". De acordo com Arthur Kornhaber e Kenneth Woodward (1985), quando não há avós, as crianças podem até inventá-los, aventurando-se fora do círculo familiar e escolhendo uma pessoa mais velha para ocupar o lugar por eles deixado.

Figura 19: Desenho que Luca fez dos avós, no qual vemos a inclusão dos avós emprestados no centro da folha.

Figura 20: Desenho que Luca fez da família, no qual vemos a inclusão do avô emprestado.

No recorte cartográfico de Luca (figura 21), podemos ver que a proximidade residencial faz com que o contato entre ele e os avós emprestados seja muito assíduo: "Eu vejo muito eles, como é que eu vou dizer, é só bater ali do lado e eu tô perto, eu vou. [...] A gente se vê assim, quando a gente tá saindo, daí às vezes a gente se vê, ou quando eles tão saindo, daí às vezes eu vejo eles do olho mágico". O mesmo acontece com Fernando, que possui "'os avós do coração', que moram em cima da [sua] casa, e é onde [ele] sempre [faz] os temas". Em sua produção textual, Fernando também destaca a proximidade geográfica como um fator de companheirismo e amizade entre eles: "A minha avó não biológica é a mais companheira, porque ela é a minha vizinha, minha amiga".[6]

---

[6] É interessante notar que as crianças têm clareza de que seus avós podem ser biológicos ou sociais, daí o surgimento de nomenclaturas como *vodrastos*, avós emprestados, avós adotivos ou avós do coração, diferenciando os primeiros dos segundos.

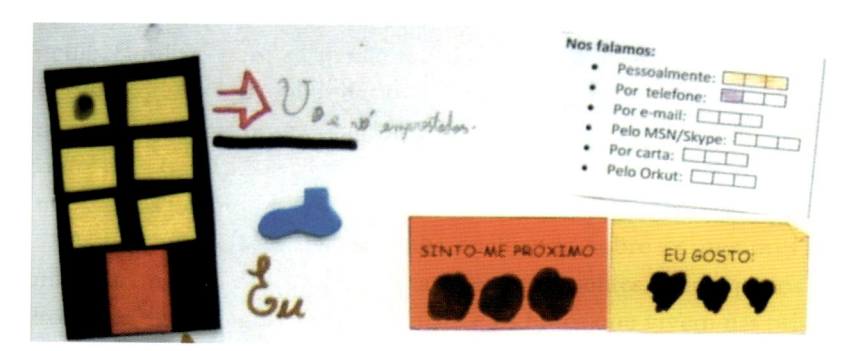

Figura 21: Fragmento da representação cartográfica da casa dos avós emprestados de Luca, que moram no apartamento ao lado do seu.

## Considerações finais

Avós maternos, avós paternos, avós por parte de padrasto e de madrasta, padrasto do pai, madrasta da mãe, avós emprestados, adotivos ou do coração. A lista de avós com os quais as crianças têm contato pode não ser pequena. O modo como elas atribuem significado a essas diferentes relações depende, como acabamos de ver, de grande número de fatores. Com a diminuição da taxa de natalidade, o aumento da expectativa de vida e o aumento do número de divórcios e recasamentos na segunda e também na terceira gerações, muitas crianças acabam tendo um contato familiar mais verticalizado. Contudo, pouco se sabe sobre o modo como elas vivem essas relações familiares fortemente marcadas pela presença das gerações mais velhas, o que faz com que as crianças sejam o foco de atenção, de afeto e expectativa de muitos adultos, mas dividindo isso de forma bastante escassa com seus primos ou irmãos (Leira et al., 2008).

Quando as relações com os avós são múltiplas, abarcando os avós biológicos e os sociais, elas também tendem a ser mais complexas. A história familiar de Felipe (9 anos) exemplifica bem essa situação. Os pais se separaram quando ele tinha cinco anos. Desde os seis, ele vive com a mãe e o padrasto. Os avós paternos se divorciaram e casaram novamente: o avô mora em Florianópolis (SC) e a avó em Quintão (RS). Seus avós maternos se divorciaram, e o avô casou mais uma vez: a avó mora em Natal (RN) e o avô em Tapes (RS). Felipe conheceu a mãe do padrasto, mas não tem muito contato com ela, que mora no Rio de Janeiro. Enfim, ele considera todos seus avós, sejam os biológicos ou os "avós tortos", como ele mesmo os nomeia. Contudo, Felipe nos mostra, com seu desenho, que nem sempre é fácil entender a complexidade dessas relações (figura 22).

Figura 22: Desenho que Felipe fez dos avós.

Essa daqui é mãe da minha mãe. Esse é o pai da minha mãe. Esse aqui é... Quem será esse daqui? Esse aqui vai ser o Nélson, pai do meu pai. Essa aqui vai ser a Áurea, a mãe do meu pai. Isso, a Áurea. Mãe da minha mãe, mãe do meu pai, pai da minha mãe, pai do meu pai... Meu Deus!!! Quem é esse aqui??? A Sirlei é o que do meu pai mesmo? Se ela é casada com o Nélson, que é o pai do meu pai, o que ela é do meu pai mesmo? E essa aqui? Meus Deus! Eu tô confuso! Quem será esse aqui? Tô esquecido! Meu Deus!

## Referências bibliográficas

ATTIAS-DONFUT, Claudine. Des générations solidaires. In: DORTIER, Jean-François. *Familles*: permanence et métamorphoses. Paris: Sciences Humaines, 2002. p. 113-123.

\_\_\_\_\_; SEGALEN, Martine. *Grands-parents*: la famille à travers les générations. Paris: Odile Jacob, 1998.

HAWKER, Sheila; ALLAN, Graham; CROW, Graham. La multiplication des grands-parents. In: ATTIAS-DONFUT, Claudine; SEGALEN, Martine (orgs.). *Le siècle des grands-parents*: une génération phare, ici et ailleurs. Paris: Autrement, 2001. p. 167-186.

KORNHABER, Arthur. *Contemporary Grandparenting*. Londres: Sage, 1996.

\_\_\_\_\_; WOODWARD, Kenneth. *Grandparents/grandchildren*: The Vital Connection. Nova Jersey: Transaction Books, 1985.

LEIRA, Arnlaug; SARACENO, Chiara. Childhood: changing contexts. In: LEIRA, Arnlaug; SARACENO, Chiara (orgs.). Childhood: changing contexts. Londres: Emerald, 2008. p. 1-26.

RAMOS, Anne Carolina. *Meus avós e eu*: as relações intergeracionais entre avós e netos na perspectiva das crianças. Tese Doutorado – Porto Alegre, UFRGS, 2011.

# Imagem-escrita nas fotobiografias

Fabiana Bruno

Quando tiramos fotos ou as deixamos aos cuidados de outros, é, na maioria dos casos, para guardar a lembrança de acontecimentos, de encontros ou momentos rituais de todo tipo que acompanham nossas vidas. Esses eventos podem ser meticulosamente organizados, estandardizados em termos de seus preparativos (casamento, festa de formatura) ou se apresentam quase fortuitos. Muitas vezes, na hora de fazer a foto, queremos simplesmente privilegiar um instante, uma impressão, surpresa ou um encantamento. Lembranças, memórias que geralmente não passam de divertimentos, momentos lúdicos, ocasionais, banais, os quais têm como destino final, em muitos dos casos, o esquecimento. Muitas fotografias, de fato, morrerão segundos após o nascimento, graças às nossas máquinas guilhotinas. No entanto, outras tantas sobrevirão. Será que "morrer" é o verbo apropriado para se referir às fotografias que compõem as nossas histórias de vida? É verdade que elas podem deixar de existir ou que podem vir a ser apagadas. Pois, o que dizer então desses pequenos montões de cinzas que um sopro de vento é capaz de fazer também rearder (Didi-Huberman, 2006:11-52)?[1]

---

[1] Ver Didi-Hubermann e seu belíssimo trabalho "L'image brûle" sobre as imagens e as falenas.

As fotografias que produzimos *circulam*, *viajam* entre parentes, amigos e amantes. Terão, no entanto, uma curta vida *visível*. Além dos avós, que ocupam uma parede da casa, do executivo, que deixará à mostra no ângulo do seu gabinete a mulher e os filhos, além das fotografias dos filhos e das filhas que, já crescidos, ficam no porta-retratos sobre a mesa da sala principal da casa, muitas fotografias, uma vez vistas — não necessariamente olhadas —, voltam ao silêncio de álbuns, caixas de lembranças, bolsos, arquivos — espécies de relicários — onde serão guardadas, antes de ser engavetadas com respeito. Sim, um respeito crescente, à medida que crescerá o esquecimento de suas presenças. Como as grandes árvores, as fotografias precisam envelhecer.

Será que existem, desse modo, verdadeiras diferenças entre as "fotografias viajantes", como estas que acabamos de nos referir, e as fotografias *escolhidas* e *montadas* por pessoas de 80 anos, que de maneira espontânea vão lentamente compondo, por meio de suas imagens guardadas em gavetas, álbuns, caixas etc., a sua própria história visual de vida? Ao longo do trabalho de pesquisa — mestrado e depois doutorado[2] —, não tínhamos balizas críticas definidas e qualquer ambição, senão as de não nos atrelarmos diretamente a um modelo de história de vida previamente definido. O primeiro horizonte consistiu em deixar a geografia humana e seus interlocutores nos questionarem passo a passo. Não queríamos apenas traçar histórias de vida, e sim pensá-las através de seus labirintos de signos, figuras, palavras, silêncios e contextos. Não queríamos nos fechar em sistemas sociológicos enclausurados em determinados parâmetros. Era necessário dar confiança às imagens na construção de histórias de vida. Isso significava, portanto, entender que a fotografia representa um excelente explosivo para fazer ressurgir lembranças, mas com o cuidado de não permitir que elas desaparecessem do cerne da pesquisa, tornando-se apenas "detonadores virtuais".

Sem minimizar o *trabalho da palavra* na elaboração de uma história de vida, decidimos dar relevância especial ao *trabalho das imagens* na constituição de uma história de vida. Essas prioridades heurísticas fizeram com

---

[2] Ver Bruno (2003, 2009).

que nossos informantes tivessem de *escolher ou selecionar*, em momentos diferentes, aproximadamente *20, 10 e três fotografias* que melhor representassem o caminho de suas existências. Este *trabalho de síntese, de redução*, que se impunha sob pena de cair numa disseminação de significação abusiva, nos fez descobrir, às avessas, que cada etapa representava uma *montagem*, uma *desmontagem*, uma *remontagem de fotografias*, que tornavam vivos os fotogramas, como na montagem de um filme. Em nossas mãos, encontravam-se pequenos filmes, de diferentes montes, porém, articulados e expressivos. Era a primeira grande felicidade de nossa aventura: íamos poder olhar as histórias de vida como pequenos filmes.

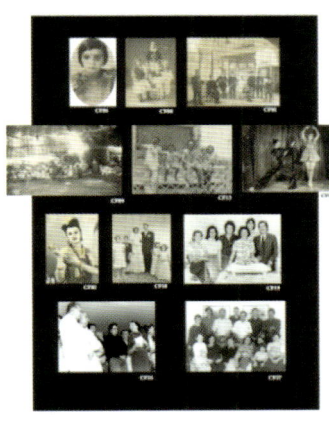

figura 1

figura 2

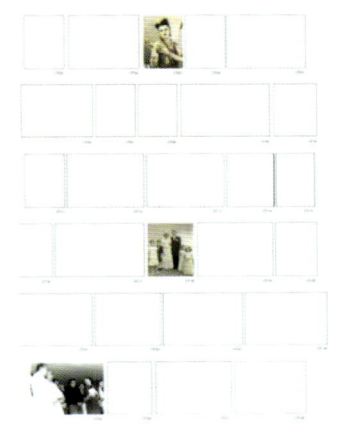

figura 3

figura 4

figura 5

A *prancha* montada por dona Celeste (figura 1) é composta por 28 fotografias. Logo depois, a prancha foi segmentada, recortada, *desfragmentada*, por conta de uma nova escolha realizada por ela. Das 28 fotografias originais, 11 delas permaneceram expostas (figura 2) — aliás, quase "perdidas" — no meio de 17 "janelas" (figura 3) que se abriram de repente. Será que as 17 fotografias retiradas — na *ordem* — (figura 4) não constituiriam um roteiro possível de sua vida, um outro florilégio importante de sua história, uma *foto*biografia parcial? É assim — recorrendo mais uma vez às escolhas de dona Celeste — que descobrimos as três últimas fotografias (figura 5) como uma espécie de síntese nesse processo de *montagem, desmontagem e remontagem*.

No imenso domínio das ciências sociais, o papel da arte mereceu atenção insuficiente. Guardamos a lembrança da leitura difícil do primeiro capítulo, "A ciência do concreto", do *Pensamento selvagem*, de Claude Lévi-Strauss (1997). O pai do estruturalismo procurava entender, então, o tal "pensamento científico", concreto, sensível, "próximo da *percepção* e da *imaginação*", "pensamento científico" ao lado de outro, mais *abstrato*, mais *lógico*. Segundo Lévi-Strauss, a arte se insere *a meio caminho* entre o conhecimento lógico e o pensamento mítico, ou mágico, pois todo mundo sabe que o artista é uma combinação do sábio e do *bricoleur*. Lévi-Strauss, que sempre foi um grande amante da arte, pensaria, — acho que em concordância conosco — que a arte, e sobretudo o homem e as culturas, ao se reunir, chegariam a dar valor aos traços profundos, que unem percepção/imaginação e abstração/lógica.

Eis o que nos conduziu à apresentação sob a forma de *foto*biografias das histórias de vida. Como pesquisadoras, tomamos o partido de conceber a história de vida em termos do estético e artístico. Foi registrado, ao longo de toda a pesquisa que nossos interlocutores fizeram diversas escolhas, comentando-as espontaneamente. Para tornar visíveis esses comentários que acompanharam uma mesma fotografia, ora eleita na primeira escolha, ora na segunda e ora na terceira, resolvemos apostar em alguns ensaios estéticos iniciais, que acabaram por originar, mais tarde, as primeiras ideias conceituais de nossas composições *foto*biográficas (ver a seguir algumas páginas das *foto*biografias).

Famílias em imagens | 133

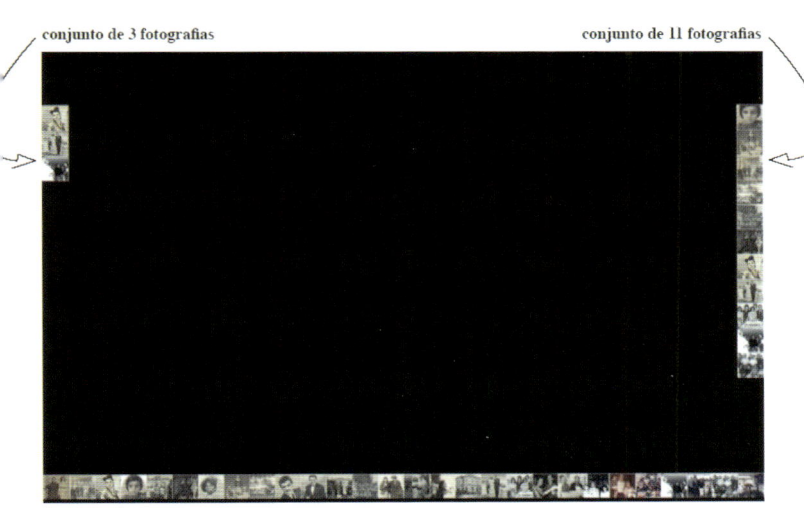

conjunto de 3 fotografias    conjunto de 11 fotografias

Conjunto de 28 fotografias de dona Celeste

 Ao seguir uma composição estética formada em camadas, característica fundamental das cinco *foto*biografias aqui produzidas, o leitor encontra logo nas primeiras páginas um índice, que contempla os três conjuntos de 20, 10 e três fotografias, seguindo a ordem designada pelo interlocutor.

frescor da idade

O conjunto das 20 fotografias é o que guia, na ordem, a sequência das páginas, fazendo com que a fotografia da primeira escolha seja sempre apresentada logo após uma página, com cortes especiais (como se vê na figura anterior). Esses cortes anunciam a imagem que virá ao lado de uma frase curta, um *teaser* do texto narrado pelo interlocutor durante a escolha. O recurso visual oferece ao leitor uma visão intimista, ao entrar na atmosfera daquela fotografia.

Eu cantava vestida de baiana.
Eu estava com vinte e poucos anos estava no frescor da idade.

No caso da mesma fotografia ter sido selecionada na segunda escolha, num total de 10 registros, a página dará a pista por meio de uma fenda, indicando que na página de baixo haverá outra referência àquela imagem. A página seguinte trará, então, o texto relatado pelo interlocutor, naquela ocasião.

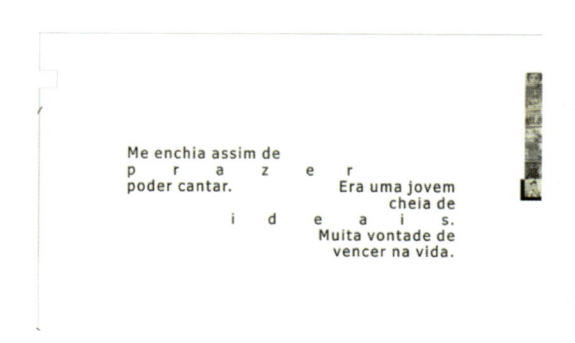

Me enchia assim de prazer poder cantar. Era uma jovem cheia de ideais. Muita vontade de vencer na vida.

Na página subsequente, o texto impresso na transparência é um convite a interagir com a *foto*biografia. Em contato com o fundo preto, as palavras escritas estarão apagadas, mas poderão ser descobertas pelo leitor com o movimento de um marcador (apenso), presente sob a transparência. A intenção é despertar o interesse para a realização de um movimento arqueológico de descoberta das camadas.

```
    F o i    a      p r i m e i r a    v e    z
    q u e    eu     t a v a    tr a b alhando..




    d e    Carmem   M    i    r    a    n    d    a
```

Toda vez que a escolha de uma mesma fotografia se repetir nos três momentos de pesquisa, o leitor encontrará essas camadas sobrepostas de textos numa espécie de fusão. Esses textos, transcritos das entrevistas, podem, assim, guardar a originalidade da forma como os informantes se referiram à mesma fotografia em diferentes momentos, separados por um intervalo de tempo. O leitor pode, dessa maneira, constatar em que medida os textos se duplicam, se complementam, ganham nova ordenação ou se diferenciam da primeira para a segunda e a terceira escolhas, observando dessa forma como se deu o "trabalho da memória" do interlocutor.

Os marcadores visuais aplicados ao texto foram nos revelando aspectos importantes, para não dizer fundamentais, do trabalho da memória dessas pessoas idosas. Comparando ou fazendo sobreposições sobre essas "falas", começamos a perceber características da enunciação desses informantes sobre uma mesma fotografia, feita em momentos distintos. Passamos a observar mais concretamente palavras, ideias, histórias que se mantinham, se repetiam ou eram reafirmadas, e outras que desapareciam, se escondiam, se perdiam ou, supomos, eram esquecidas. Havia ainda as que surgiam como acréscimos nunca antes imaginados.

De toda maneira, não tínhamos a pretensão, nesses ensaios, de realizar um estudo aprofundado, recorrendo à linguística para analisar aspectos da enunciação/evocação dos informantes, o que, reconhecemos, poderia ter sido valioso. Da mesma forma, não recorremos ao campo da história oral, apoiando-nos nas referências sobre o contexto dos processos de rememoração ou reminiscências. Para ambas as áreas, no entanto, esperamos oferecer, com esse material, subsídios para pesquisadores interessados em realizar, no futuro, uma análise comparativa e minuciosa em torno das enunciações, recorrências, repetições e evocações de cada informante, nos três tempos de registro dos relatos orais.

Para as *foto*biografias, esse exercício metodológico fez surgir um trabalho mais relevante, à medida que passamos a contar com camadas de histórias que se completavam, suplementavam ou se desarticulavam ainda mais. Reforçadas pela dupla particularidade dos suportes de expressão humana — a fala e a imagem —, essas camadas, no entanto, foram nos permitindo encontrar revelações mais significativas acerca de cada fotografia, caminhando para entender, de fato, o que elas poderiam representar em termos de histórias de vida quando associadas a um conjunto maior, o *foto*biográfico.

Ao retomar a questão que apresentamos no início deste capítulo — *será que existem, deste modo, verdadeiras diferenças entre as "fotografias viajantes" e as fotografias escolhidas e montadas por pessoas aos seus 80 anos de vida?* — constatamos que nossos interlocutores idosos reuniram, durante a pesquisa, em termos fotográficos, apenas *acontecimentos*, simples acontecimentos.

O que mais poderiam, então, nos dizer as fotografias de cinco pessoas anônimas sobre as quais — tanto as pessoas quanto suas fotografias — não possuíamos nenhum conhecimento prévio? A questão nos parece fundamental diante das inter-relações entre o visual e o verbal na perspectiva de uma *foto*biografia. De que maneira nos poríamos a ler pontualmente esses conjuntos fotográficos?

A tentativa de ler fotografias inseridas em um conjunto, cujo informante desconhecemos, nos faz trabalhar, num primeiro momento, com hipóteses e pontos de interrogações. Isso quer dizer que, ao *mostrar* (figuras, lugares, situações) a mesma fotografia "cega" lança-se na aventura do imaginário. Eis mais uma questão interessante, quando se trata de *foto*biografias. Nelas, queiramos ou não, estamos cooptados de antemão. A *foto*biografia de uma pessoa desconhecida não afasta os caminhos da nossa própria fotobiografia. Pelo contrário, nos alicia! E, portanto, os pontos de interrogação se multiplicam. Isso não significa que as fotografias que estamos vendo não nos dizem algo. Elas falam demais, talvez.

Determinadas fotografias nos remetem àquelas que temos em nossa memória, mesmo não sendo nossas. Podemos nos fascinar por fotografias de outros, e, ao tentar descobrir por que elas nos fascinam, evidentemente temos como resposta o fato de as associarmos aos nossos próprios fascínios. A fotografia — sobretudo no horizonte de uma *foto*biografia — nos interpela, ressuscita e deixa aflorar outros instantes de *nossa* própria existência. Por natureza, uma *foto*biografia será sempre uma interrogação sobre a nossa vida. É por essa razão que ela nos cativa e, ao mesmo tempo, nos atormenta e nos questiona.

Geralmente não sabemos ver ou mesmo entender uma fotografia porque nos falta, em muitos casos, uma atenção verdadeira dedicada às imagens. Não chegamos a lê-las, pois não tomamos tempo suficiente para nos debruçar sobre elas. Nessa analogia, podemos nos perguntar: será que lemos uma *palavra*, uma *frase* em apenas um dia? E qual terá sido o caminho que percorremos para ler essas letras (consoantes e vogais, vírgulas e pontos de todos os tipos) agrupadas, uma ao lado da outra, formando uma palavra... E, logo depois, associando-se a outras letras, acentos etc., para decifrar outras letras (consoantes e vogais), formando uma outra palavra, associada à primeira, e assim por diante... Até chegar a uma *frase* inteira... *frases*...ou melhor *contar* uma outra *história*.

E se, desse modo, numa outra analogia, nos colocássemos a pensar as "imagens" como essas "consoantes" e essas "vogais" que formariam "palavras", depois, frases, e depois toda uma história? Uma história muito complexa e densa, no caso da *imagem*, os "signos visuais presentes" (as "consoantes" e as "vogais", todavia, "visuais") nela, *superabundam* (a imagem é 100 vezes mais densa em relação ao que entra na composição de uma palavra [com suas consoantes e vogais *unívocas* e codificadas, em um sistema *lógico e racional*]). Além de conjugar signos não unívocos e não codificados em um sistema aproximadamente "ajustado ao da percepção e da imaginação", ela conjuga também *tempos e espaços* de toda natureza.

Há duas espécies de pensamento: o pensamento discursivo (lógico) e o pensamento estético (intuitivo). Os sonhos são a expressão do pensamento intuitivo ele próprio; e são o pensamento estético próprio. É o pensamento diretamente formulado em imagens... (Ionesco, 1996:22) [um pensamento que é formado por imagens e que somente a partir de imagens pode ser formulado].

Se quisermos enriquecer um pouco mais o entendimento da *escrita das imagens fotobiográficas*, ou, ainda, da *imagem-escrita nas fotobiografias* que fizemos, podemos contar com esse outro importante questionamento proposto por Georges Didi-Huberman (2006:14): a que gênero de conhecimento a imagem pode abrir espaço? Que tipo de contribuição ao conhecimento histórico esse "conhecimento pela imagem" é capaz de trazer? Para responder essa questão, talvez precisássemos pensar numa *arqueologia do saber das imagens*. Em busca de subsídios para esse propósito, em artigo recente, E. Samain (2007:63-79) oferece a reflexão:

O verbal escrito instaurou-se como ordem epistemológica e fizemos tanto da fala e, sobretudo da escrita, as crenças (para não falar em dogmas e alavancas de nossas faculdades de apreensão e de intelecção). Não é somente possível, como necessário livrar-se desta epistemologia da Comunicação que ignora, enquadra e reduz a indizibilidade e a riqueza do sensorial humano [Samain, 2007:78].

Em resumo, Etienne Samain tenta descobrir o que une e singulariza os grandes suportes da comunicação, todos derivados de nossos órgãos sensoriais: imagem, fala, escrita e modernas tecnologias audiovisuais. Lembrando que é somente a partir de nossos sentidos (olfato, paladar, tato e, no Ocidente, sobretudo, visão e audição) que podemos aceder ao pensamento.

Em outra direção, Anne-Marie Christin (1995:24) defende que a escrita não reproduz a palavra, ela a torna visível.

A mutação da imagem em escrita confirma de forma bem clara, mas também bastante enigmática, uma observação, no entanto, simples: o *espaço5*é o único *dado formal* que permanece idêntico em cada uma delas. Como se esse [o espaço] constituísse um princípio comum a ambas, a imagem e a escrita, e como se a ele se devesse até mesmo a redução da *figura* em *signo* [Christin, 1995:17, grifos nossos].

Ao entrar na proposta de Christin, cujo projeto fundamental de pesquisa é a presença da imagem nos diferentes sistemas de escrita, em especial, na civilização do ideograma japonês, devemos circunscrever, primeiro, sua tese central: a escrita é uma *dupla imagem*. A *palavra* nasceu da imagem. E a *escrita,* além de ser já uma imagem, nasce de uma outra imagem.[3] Ambas devem sua existência e sua eficácia, portanto, à *imagem*. Eis o que, resumidamente, nos diz A.-M. Christin (1995). Para existir, quer seja um retrato, um texto escrito (que é outra imagem), é necessário dispor de um "suporte", de uma "tela" (branca ou escura), de um "quadro", de um "fundo", de um "espaço". Sem este "vazio", capaz de engendrar, a escrita não poderia ter surgido. O "branco" de uma folha de papel (a página virgem) é o palco necessário para que possa emergir uma figura, isto é, uma outra imagem.[4]

---

[3] Basta pensar na escrita oriental, que, longe de ser uma mera transcrição da fala, como geralmente pensamos em termos ocidentais, é fundamentalmente uma imagem.

[4] A.-M. Christin retomou recentemente o assunto com um título diferente: "Pensée écrite et

Os suportes de nossas memórias são múltiplos, como são as escritas humanas. Não que a nossa abóbada memorial seja da mesma natureza que a abóboda celestial e seus discursos possíveis com os deuses. Nossa abóbada é, sim, a tela nobre sobre a qual se depositam, em que dialogam e até se enfrentam nossas lembranças verdadeiramente vividas: a memória é o suporte fundamentalmente imagético e imaginário de nossas *histórias de vida*. Essas lembranças não são apenas de ordem racional, mas são geralmente — e inconscientemente — os espaços e expressões de nossas sensibilidades e paixões diante da vida.

A vida humana torna-se, desse modo, uma *história de vida*, quando se propõe a reconhecer a memória de seus signos, intervalos, interstícios e esquecimentos. Da mesma maneira que a escrita não poderia se tornar visível sem "suporte", sem um "fundo", sem uma "tela", as imagens escolhidas e organizadas por nossos interlocutores idosos, em três momentos diferentes, não poderiam ser eleitas, não fosse a preexistência fundamental de uma "tela", de um "fundo" para essas figurações materiais que, no caso, são, predominantemente, fotografias. Nessas *histórias de vida,* as figuras/imagens escolhidas não se limitam então a meras fotografias. Essas "escolhas diversas" (20, 10 e três) são, de certo modo — e em todas as operações de *seleção* e *montagem* —, aparições repentinas, raios, estouros oriundos de um "fundo" mais complexo e sempre em estado de vivência. A esse "fundo", a essa "tela", a essa "superfície", constelada por mil lembranças, chamamos de *memória*. É a partir dessa *memória* que, em três momentos diferentes — e com intensidade e em contextos diversos — as fotografias passaram a ser escolhidas, reescolhidas ou eliminadas.

Essa metáfora, orientada pela problemática suscitada pela emergência da escritura, fica assim transposta para questão das *histórias de vida* quando priorizarmos a imagem (as fotografias, em especial). A metáfora ainda nos conduz a duas outras reflexões. A primeira: quais são as relações que as fotografias — escolhidas e montadas — em três operações sucessivas

---

comunication visuelle" (2007:15-24). Ver também Christin (2009).

(como as apresentadas nas figuras de 1 a 5), entretêm tanto no plano de suas "figuras" quanto no tocante aos "intervalos" e "interstícios" com que se apresentam? A segunda: o que poderiam significar os interstícios deixados a cada escolha feita, e, por outro lado, quais as novas dinâmicas que se estabelecem entre esses interstícios (as fotografias eliminadas), e entre as fotografias que subsistiram.

Por meio de fotografias, de suas interações, interstícios e diálogos, cada vez mais apurados, na abóboda neuronal e no seu imaginário vivo, as imagens escolhidas evocam e representam a quintessência de uma *história de vida*. Será que, nesse caso e nessas circunstâncias, o que cada um dos cinco idosos nos deixa (como se fosse um segredo ou uma joia que até então não imaginávamos) não seria mais importante ou, pelo menos, diferente dos eventuais comentários tecidos sobre as fotografias? Eis mais um questionamento que sugerimos em relação às chamadas *"histórias de vida"*.

### Referências bibliográficas

BRUNO, Fabiana. *Retratos da velhice*: um duplo percurso metodológico e cognitivo. Dissertação Mestrado – São Paulo, Instituto de Artes, Unicamp, 2003.

\_\_\_\_. *Fotobiografia*: por uma metodologia da estética em antropologia. Tese Doutorado – São Paulo, Programa de Pós-Graduação em Multimeios, Instituto de Artes, Unicamp, 2009.

CHRISTIN, Anne-Marie. *L'image écrite ou la déraison graphique*. Paris: Flammarion, 1995. (Idées et Recherches).

\_\_\_\_. *Poétique du blanc:* vide et intervalle dans la civilisation de l'alphabet. Leuven: Peeters, 2000. Reedição ampliada, Vrin, 2009.

\_\_\_\_. The first page. *European Review*, v. 8, n° 4, p. 457-62, 2000.

\_\_\_\_. Pensée écrite et comunication visuelle. Atas do fórum internacional Inscriptions, Calligraphies et Écritures dans le Monde, 24-27 de abril, 2003. Biblioteca Alexandrina, Centro da Caligrafia, 2007. p.15-24.

DIDI-HUBERMAN, Georges. L'image brûle. In: ZIMMERMANN, Laurent (org.). *Penser par les images*: autour des travaux de Georges Didi-Huberman. Nantes: Cécile Defaut, 2006. p.11-52.

_____. *L'image survivante*. Histoire de l'art et temps des fantômes selon Aby Warburg. Paris: Les Éditions de Minuit, 2002.

IONESCO, Eugène. *Entre la vie et le rêve*. Paris: Gallimard, 1996.

LÉVI-STRAUSS, Claude. *O pensamento selvagem*. Campinas: Papirus, 1997.

SAMAIN, Étienne. A matriz sensorial do pensamento humano: subsídios para redesenhar uma epistemologia da comunicação. In: MÉDOLA, Ana Silvia et al. (orgs.). *Imagem*: visibilidade e cultura midiática, v. 1, Porto Alegre: Sulina, 2007. p. 63-79.

# Sobre as autoras

**Bárbara Copque** — Doutora e mestre em ciências sociais pelo Programa de Pós-Graduação em Ciências Sociais, da Universidade do Estado do Rio de Janeiro (Uerj). Atualmente é bolsista Prodoc/Capes no mesmo programa. É vice-coordenadora do Imagens, Narrativas e Práticas Culturais (Inarra), do Diretório de Pesquisa/CNPq-Uerj, onde atua como pesquisadora nos campos da antropologia visual e da família, com ênfase nas questões dos menores em situação de risco, da criminalidade feminina, do envelhecimento asilar e da violência urbana. Publicou artigos, ensaios fotográficos e participou de vídeos etnográficos.

**Gleice Mattos Luz** — Doutora e mestre em ciências sociais pelo Programa de Pós-Graduação em Ciências Sociais, da Universidade do Estado do Rio de Janeiro (Uerj). É membro do Grupo de Estudos sobre a Família Contemporânea/Grefac, do Diretório de Pesquisa/CNPq-Uerj. Atua nas áreas de antropologia e sociologia da família e das gerações, antropologia urbana e antropologia visual.

**Ana Lúcia Marques Camargo Ferraz** — Professora do Departamento de Antropologia da Universidade Federal Fluminense (UFF). Tem pós-doutorado em antropologia, na Universidade de São Paulo (USP) e é doutora em sociologia e mestre em antropologia, também pela USP. É pesquisadora do Núcleo de Estudos de Antropologia das Artes, Ritos e Sociabilidades Urbanas (Narua-UFF), Grupo de Antropologia Visual (Gravi-USP) e do Núcleo de Antropologia, Performance e Drama (Napedra-USP.) Atua nas áreas de Antropologia Social e Visual, com ênfase nos temas trabalho, representação, etnografia, memória, cultura popular e teatro.

**Anne Carolina Ramos** — Doutora e Mestre em Educação, pela Universidade Federal do Rio Grande do Sul/UFRGS e pela Universität Siegen, Alemanha. Possui especialização em geriatria e gerontologia pela Universidade do Estado do Rio de Janeiro (Uerj). Atua no campo da sociologia da infância, nas interfaces entre infância, velhice, família e educação. Principais temas: as relações entre avós e netos em diferentes constelações familiares, redes de cuidado e suporte entre as gerações, o entendimento das crianças sobre a velhice, entre outros.

**Fabiana Bruno** — Pós-doutoranda na Escola de Comunicação e Artes (ECA), da Universidade de São Paulo (USP). Doutora e mestre em multimeios pela Universidade Estadual de Campinas (Unicamp). Tem experiência nas áreas de comunicação, antropologia da imagem e multimídia, atuando principalmente nos seguintes temas: epistemologia da comunicação, antropologia da imagem, fotografia, comunicação multimídia e jornalismo.

**Clarice Ehlers Peixoto** — Doutora em antropologia social e visual pela École des Hautes Etudes en Sciences Sociales, pós-doutorados no CNRS, Cerlis-Paris V e ESS-UFRJ. Professora associada do Departamento de Ciências Sociais, da Universidade do Estado do Rio de Janeiro(UERJ). É coordenadora do Imagens, Narrativas e Práticas Culturais (Inara)e vice-coordenadora do Grupo de Estudos sobre a Família Contemporânea (Greface), ambos diretórios de Pesquisa/CNPq-Uerj; membro do Comitê Assessor de Antropologia Visual (GTAV-ABA). Atua nas áreas de antropologia do envelhecimento, antropologia da família & gerações, antropologia visual & metodologia audiovisual. Publicou livros, artigos e filmes nesses campos.